Hermann Schaefer

Der lamische oder hellenische Krieg

Hermann Schaefer

Der lamische oder hellenische Krieg

ISBN/EAN: 9783743637306

Hergestellt in Europa, USA, Kanada, Australien, Japan

Cover: Foto ©ninafisch / pixelio.de

Weitere Bücher finden Sie auf www.hansebooks.com

Der peloponnesische Krieg hatte Griechenlands Blüte ein frühes Ende gemacht. Die hellenischen Staaten hatten ihre besten Kräfte im Bruderkriege nutzlos vergeudet und sanken nun schnell herab von der Höhe politischer Macht, zu welcher sie sich so kühn emporgeschwungen hatten. Mit den gefallenen Helden von Chäronea wurde die griechische Freiheit zu Grabe getragen.[1]) Das ruhmreiche Griechenland, welches dem Andringen des reichen, mächtigen Orient gegen den Occident ein Ziel zu setzen vermocht hatte, wurde durch den unglücklichen Ausgang der Schlacht von Chäronea zum Vasallenstaate des 10 Jahre früher noch verachteten Fürstentums Makedonien herabgewürdigt. Zwar verblieb den Besiegten ein Schein von Freiheit. Der schlaue Sieger geberdete sich nicht als unumschränkter Gewalthaber; er gefiel sich vor der Hand noch in der Rolle eines Protektors. Abgesehen von Theben, welches seine Widersetzlichkeit schwer büssen musste und förmlich unterjocht wurde, liess Philipp in den meisten griechischen Staaten die alten Verfassungen und Einrichtungen bestehen.

Aber die Enkel der Sieger von Marathon, Salamis, Plataä fühlten recht wohl die Schmach, dass ein fremder Fürst, den sie von ihren Vorfahren als einen Barbaren geringzuschätzen gelernt hatten, sie von nun an als $\hat{\eta}\gamma\varepsilon\mu\grave{\omega}\nu$ $α\grave{v}\tau o\varkappa\varrho\acute{α}\tau\omega\varrho$, als Oberfeldherr mit unumschränkter Gewalt, gegen die Perser führen sollte; sie fühlten recht wohl den Verlust ihrer Freiheit, als ebenderselbe Fürst sich zum obersten Schiedsrichter in ihren Angelegenheiten aufwarf; sie sahen sich geknechtet, ihr freies Volksleben unterdrückt, als die wichtigsten Orte Griechenlands mit makedonischen Besatzungen belegt wurden.[2])

Wir können es daher leicht begreiflich finden, dass uns seit dem Jahre 338 v. Chr. in Griechenland ein fortwährendes Streben und Ringen für die alte Selbständigkeit begegnet. Zwar gab es auch schon damals in allen Staaten Griechenlands eine Partei, welche, im makedonischen Solde stehend, den Bürgern die Fremdherrschaft als heilbringend pries und jeden Gedanken an die frühere Selbständigkeit und nationale Grösse teils durch glänzende Vorspiegelungen, teils durch gehässiges Denunciantentum im Keime zu ersticken suchte. Besonders stark vertreten und mächtig war diese Partei zu Athen. Reichlich war hierhin Philipps Geld geflossen und hatte makedonische Sympathieen geweckt und makedonischen Plänen die Wege geebnet. Sodann hatte aber auch Philipp in der richtigen Erkenntnis, dass Athen die Seele von Griechenland und noch immer tonangebend sei für die Entschliessungen der grösseren Mehrzahl der Hellenen, diesen Staat wirklich milde und menschenfreundlich behandelt;[3]) er hatte ihn an der Spitze einer Bundesgenossenschaft gelassen, er hatte den Bundesgenossen selbst kein Leid zugefügt, er hatte den Boden Attikas nicht betreten, alles in der unverkennbaren Absicht, um die Aufmerksamkeit der freiheitsliebenden Bürger von seinen wahren Zielen abzulenken und ihre Wachsamkeit einzuschläfern. Infolge dessen gab es, abgesehen von den bezahlten makedonischen Kreaturen, in Athen auch einzelne sonst einsichtige, verdienstvolle und durchaus redliche Männer, welche in dem engsten, unterthänigsten Anschluss an Makedonien den einzigen Weg der Rettung und des Heiles für Athen erblickten. Der Typus dieser Leute ist der alte Phokion; ihr oberster politischer Grundsatz lautet: „Ruhe ist die erste Bürgerpflicht."

Aber trotz aller Bestrebungen, die Griechen über ihr wahres Schicksal zu täuschen, trotz der äusserst rücksichtsvollen und schlauen Makedonisierung erheben sich die Besiegten, und allen voran die Athener, bei jeder Gelegenheit und Veranlassung, die irgendwie eine Aussicht zur Wiedererlangung der alten Freiheit und nationalen Selbständigkeit in innerer und äusserer Politik bietet.

Als Demosthenes festlich geschmückt und mit freudestrahlendem Blick seinen Mitbürgern Philipps Ermordung verkündete, da wurde Athen sogleich zum Ausgangs- und Mittelpunkte einer schnell um sich greifenden national-hellenischen Freiheitsbewegung,[4]) die jedoch durch das schnelle Erscheinen Alexanders mit starker Heeresmacht momentan gedämpft wurde. Als aber Alexander Griechenland wieder verlassen hatte, und als dann das falsche Gerücht auftauchte, der junge Herrscher sei im Kampfe mit den Triballern gefallen, da kam die allgemeine Verschwörung zum offenen Ausbruch; doch mit ungeahnter Energie und unerwarteter Schnelligkeit eilte der totgeglaubte König herbei, unterdrückte den Aufstand und statuierte durch die Zerstörung Thebens ein warnendes Exempel.

Über den Heereszug Alexanders nach Asien waren in Griechenland die Meinungen geteilt. Die Patrioten sahen in dem Zuge nicht das, als was es von makedonischer Seite dargestellt wurde, ein nationales Unternehmen; sie sahen ein, dass griechischer Freiheit und Kultur von Persien her keine Gefahr mehr drohe, und dass der Fortbestand des persischen Reiches eher zu wünschen als zu fürchten sei, weil es das einzige Gegengewicht gegen makedonische Eroberungs- und Vergrösserungsgelüste bildete.[5]) Schon längst hatten deshalb einsichtsvolle Staatsmänner den Anschluss Griechenlands an Persien betrieben, und auch jetzt wünschten die Feinde Makedoniens, die griechischen Patrioten, den makedonischen Waffen keineswegs Glück und Sieg, und dem persischen Reiche Untergang und Verderben.

Allerdings mussten die griechischen Staaten Heeresfolge leisten. Aber die kriegslustigen und kriegsbedürftigen Söldner, von denen schon Philipp gesagt hatte, dass für sie der Friede Krieg, der Krieg aber Friede sei,[6]) kämpften zu Tausenden in den persischen Heeren. Gesandte aus den griechischen Städten, Diplomaten und Strategen, suchten den Grosskönig Darius in seinem Heerlager auf und begleiteten ihn. Diejenigen Griechen aber, welche dem grossartigen Unternehmen ganz fern blieben, schürten in der Heimat die Flammen des Aufstandes.

Der spartanische König Agis II, Archidamos' Sohn, knüpfte zur Vernichtung der makedonischen Herrschaft Unterhandlungen mit dem genialen Memnon von Rhodus und mit den persischen Satrapen an und erhielt von ihnen Geld und Schiffe.

Mit der Hülfe von 8000 griechischen Söldnern, die unter Darius bei Issus gefochten hatten und entkommen waren, bemächtigte sich Agesilaos, der Bruder des Agis, der Insel Kreta. Und während Alexander im fernen Osten seinen Siegeslauf verfolgte, während Antipaters Macht durch Unruhen in Thrakien in Anspruch genommen wurde, war Agis unermüdlich thätig, um einen mächtigen Bund zur Wiedererkämpfung der griechischen Freiheit zu stande zu bringen.

Mit den Spartanern verbanden sich die Eleer, Achäer und der grösste Teil der Arkadier. Vergebens suchten die athenischen Patrioten ihre Mitbürger zur gemeinschaftlichen Erhebung zu veranlassen. Den Leitern der äusseren Politik fehlte es an Entschiedenheit.

Im Frühlinge des Jahres 330 zog Agis mit 20 000 Mann Fussvolk und 2000 Reitern vor das makedonisch gesinnte Megatopolis und belagerte es. Da erschien Antipater mit überlegener Heeresmacht im Peloponnes. Bei Megalopolis selbst fiel die blutige Entscheidung. Die persönliche Tapferkeit des Agis und seiner Getreuen unterlag der makedonischen Übermacht und der strategischen Tüchtigkeit Antipaters. Agis selbst und mit ihm mehr als 5300 Hellenen starben den Heldentod, und so war das Streben eines grossen Teiles der Hellenen, sich von der makedonischen Oberhoheit zu befreien, wiederum vereitelt. Gefestigter, denn je, erschien Makedoniens Herrschaft über Griechenland.[7])

Die Kunde von der Eroberung des persischen Reiches durch Alexander erfüllte die Griechen mit Bewunderung und Schrecken zugleich. Bewunderung konnten die für alles wahrhaft Grosse empfänglichen und leichtbegeisterten Hellenen dem jungen Heldenkönige, der in raschem Siegeslaufe ein Weltreich erobert hatte, nicht versagen. Mit Schrecken erfüllte die freiheitsliebenden Griechen des Makedoniers wachsende Macht, welcher offenbar bald kein erfolgreicher Widerstand mehr entgegengesetzt werden konnte. Die Patrioten sahen ihre stillen Hoffnungen und geheimen Wünsche vereitelt; ja sie fürchteten, nach solchen Erfolgen werde Alexander auch den griechischen Gemeinden gegenüber die milde Herrschaft eines Schutzherrn aufgeben und die furchtbare Seite eines Despoten herauskehren. Es zeigte sich bald, dass ihre Furcht in der That nicht ganz unbegründet war.

Als nach dem Falle von Persepolis und nach dem Tode und der Bestattung des Darius die Mehrzahl der medischen und persischen Grossen sich dem neuen Herren Asiens unterwarf, da führte Alexander zur Verschmelzung griechisch-makedonischen und orientalisch-persischen Wesens das persische Hofceremoniell ein an seinem Hoflager. Jedenfalls in Verbindung mit dieser Neuerung, die ja in dem makedonischen Heere so böses Blut machte, stellte Alexander an die hellenischen Staaten die Anforderung, ihn als Gott zu verehren. In den Zeiten des Ruhmes und der nationalen Grösse Griechenlands wäre ein solches Ansinnen wenigstens mit Entrüstung und Abscheu zurückgewiesen, wenn nicht sogleich mit Schwert und Schild beantwortet worden. Jetzt aber bewiesen bezahlte Sophisten haarklein, dass Alexander wirklich Gott sei, und die makedonischen Schmeichler, welche, besonders nach dem unglücklichen Ausgange des Agis, in den meisten Staaten wieder zu grösserem Einflusse gelangt waren, sorgten dafür, dass die Volksversammlungen den Beschluss fassten, dem Könige göttliche Ehren zu erweisen. Die spartanische Ekklesia sagt in diesem Dekrete mit lakonischer Kürze und beissender Ironie: „Da Alexander Gott sein will, so sei er Gott!"

In Athen schlug der talentvollste, aber auch verworfenste makedonische Kriecher und Schmeichler, Demades, vor, den Alexander unter die zwölf grossen Götter der Stadt zu versetzen. Gegen eine solche Zumutung bäumte sich der religiöse Sinn und der demokratische Geist des athenischen Volkes. Obgleich von der makedonischen Partei alles aufgeboten wurde, um den Beschluss möglichst schnell durchzusetzen, obgleich Demades die Opponenten warnte, sie möchten sich in acht nehmen, dass ihnen die Erde nicht entgehe, während sie den Himmel hüteten, konnte sich der Demos von Athen doch lange nicht entschliessen, den Antrag zum Beschlusse zu erheben, und bestrafte den Antragsteller Demades sogar mit einer Geldbusse von hundert Talenten.[8])

Der Befehl, dem Alexander göttliche Ehren zu erweisen, hatte der vorhandenen Erbitterung und Unzufriedenheit vielfach neue Nahrung gegeben. Ein weiteres Dekret öffnete der grösseren Mehrzahl der Hellenen über Alexanders Absichten in betreff der griechischen Gemeinden vollends die Augen; es zeigte klar, wie gering Alexander die Freiheit und Selbständigkeit der Griechen achtete, und wurde deshalb auch die Veranlassung zu der letzten allgemeinen Schilderhebung Griechenlands gegen die makedonische Herrschaft.

Zur Zeit der olympischen Spiele des Jahres 324, nach seiner Rückkehr von der abenteuerlichen indischen Heerfahrt, sandte Alexander den Befehlshaber seiner Flotte, Nikanor von Stagira, mit einem Schreiben nach Olympia, welches durch den Herold, der den Preis erhalten, öffentlich verlesen werden sollte. Das Schreiben lautete:

„**König Alexander an die Verbannten aus den griechischen Städten:**

Dass ihr fliehen musstet, ist nicht unsere Schuld gewesen; aber dass ihr, die mit Blutschuld Behafteten ausgenommen, in die Heimat zurückkehren dürft, wird unser Werk sein. Wir haben darüber dem Antipater geschrieben, dass er die Städte, wenn sie nicht wollen, zwinge, euch wieder aufzunehmen."

Die Motive dieses Dekretes liegen klar zu Tage. In den meisten hellenischen Gemeinden hatten während des Feldzugs Alexanders in Asien die Patrioten die Oberhand bekommen. Mehr als 20 000 Griechen, der grösseren Mehrzahl nach Anhänger Makedoniens, waren verbannt, ihre Güter eingezogen, und es war zum Teil in ungesetzlicher Weise darüber verfügt worden. Viele der Expatriierten hatten bei der Statthalterschaft in Makedonien und bei Alexander Klage geführt, und Alexander ergriff gern die Gelegenheit, um der makedonischen Partei in den griechischen Staaten wieder das Übergewicht zu verschaffen und so die makedonische Herrschaft in Griechenland von neuem und dauernd zu festigen. Deshalb wurden auch die thebanischen Flüchtlinge, welche ja infolge ihrer Auflehnung gegen Alexander Stadt und Vaterland eingebüsst hatten, ausdrücklich von der allgemeinen Amnestie ausgeschlossen, und Eudamidas, der Sohn des Archidamus, bemerkte dazu treffend: „Unheil bringt dieses Gebot, Thebaner, aber Ruhm; denn euch allein fürchtet Alexander."

Das Dekret kam übrigens nicht unerwartet. Schon eine geraume Zeit vor den olympischen Festspielen hatte sich die Kunde von der Absicht Alexanders in betreff der Verbannten verbreitet. Das strenge, nach Inhalt und Form äusserst verletzende und demütigende Schreiben wurde verlesen im heiligen Haine zu Olympia, bei dem grössten Nationalfeste Griechenlands. Die Verbannten selbst waren zugegen. Mit übermütigem Jubel nahmen sie die Bekanntmachung auf und priesen laut die Gnade des Königs. Die griechischen Patrioten, welche bei Nikanor, dem Bevollmächtigten Alexanders, Gegenvorstellungen machen wollten, konnten nicht zum Worte kommen. Für alle unabhängig gesinnten Männer aber, für Tausende der Festteilnehmer war die Festesfreude dahin. Schrecken und Bestürzung bemächtigte sich der Gemüter. Doch wandelte sich die Furcht bald in Wut und Ingrimm über das frevelhafte Eingreifen des jugendlichen Welteroberers in die durch Verträge garantierten Rechte der politischen Gemeinden Griechenlands.

Den höchsten Grad erreichte die Erbitterung bei den Athenern und Ätoliern. Diese beiden Staaten wurden aber auch vornehmlich durch das Gebot getroffen.

Die Athener fürchteten nämlich den Verlust von Samos. Auf diese Insel hatten sie seit Perikles' Zeiten ein Anrecht zu haben geglaubt. Timotheus hatte im Jahre 365 die Insel gezwungen, sich dem athenischen Seebunde anzuschliessen. Bald jedoch hatten die Athener die Insel als unterworfenes Gebiet behandelt und als Kleruchie besetzt. Dabei waren die Nachkommen der oligarchischen Flüchtlinge, welche seiner Zeit Lysander auf der Insel angesiedelt hatte, vertrieben worden. Dieser wichtige Besitz sollte Athen jetzt wieder entrissen, die Vertriebenen sollten wieder in ihr Eigentum eingesetzt werden.

Die Ätolier aber hatten die Einwohner der akarnanischen Küstenstadt Öniadä vertrieben und sich des infolge seiner Lage fast uneinnehmbaren Punktes bemächtigt. Sie fürchteten nicht nur den Verlust der Stadt, sondern auch die rächende Hand Alexanders, der ihnen geradezu gedroht hatte, nicht die Söhne der Öniaden, sondern er selbst werde ihnen die Busse für das widerrechtliche Verfahren auferlegen.

Alle Staaten nahmen die Verbannten wieder auf. Nur die

Athener weigerten sich offen und hartnäckig, dem Befehle zu gehorchen. Gesandtschaften aus den griechischen Städten, die kurz vor dem Tode Alexanders nach Babylon kamen, um das Dekret rückgängig zu machen, wurden abschlägig beschieden. Die Erbitterung gegen Makedonien wuchs von Tag zu Tage, und nicht nur bei den Athenern und Ätoliern, sondern auch in vielen anderen Staaten von Hellas war es bald beschlossen und besiegelt, die Waffen zu ergreifen und in den Entscheidungskampf einzutreten gegen makedonische Bevormundung und Hegemonie, für die Freiheit und Selbständigkeit der griechischen Gemeinden.[9] Hierzu bot sich denn auch bald eine günstige Gelegenheit.

Kurze Zeit nach jenen olympischen Spielen, im Juli des Jahres 323, verbreitete sich die unerwartete Kunde von Alexanders Tode durch das weite Reich. Ein hitziges Fieber hatte den sieg- und ruhmgekrönten Weltkönig in der Blüte der Jahre, auf dem Gipfel seiner Macht, vor grossartigen Unternehmungen stehend, dahingerafft. Die Barbarenvölker betrauerten den Tod des Helden, der ihnen, obgleich er sie kurz vorher bezwungen, ein Vater geworden war[10]. Die griechischen Patrioten aber atmeten erleichtert auf.[11] Dem alles verschlingenden Riesen Polyphemus hatte ein geheimnisvoller οὔτις das Auge geblendet. Der gewaltige seiner Vollendung entgegengehende Bau des Weltreiches war durch den vorzeitigen Tod des Baumeisters ins Stocken geraten und drohte in Trümmer zu zerfallen. Keiner, der, das Werk zu vollenden, den Geist und die Kraft hatte, kein sicherer Erbe, Bewegung an allen Enden der Welt, Ratlosigkeit bei Statthaltern, Führern und Heer, schlecht verhehltes Misstrauen unter den Generalen, tödlicher Hass zwischen den so bunt zusammengesetzten Contingenten der Eroberungsarmee, Eifersucht, Hader und Streit zwischen der königlichen Familie und der Statthalterschaft in Makedonien — jetzt oder nie konnte Hellas die alte Freiheit erkämpfen. Eine neue Teilung der Welt begann. Wer will es dem Hellenen verargen, dass er mit in den Teilungskampf eintrat, um wenigstens das infolge nordischbarbarischer Gewalt und Tücke verlorene Erbe seiner Väter, die politische Selbständigkeit seiner Staaten, wiederzugewinnen?

Die griechischen Patrioten erkannten denn auch die Wichtigkeit des Moments und sorgten dafür, dass das Feuer der Freiheitsbewegung einstweilen unter der Asche fortglimme, um es zu gegebener Zeit zur gewaltigen Flamme anfachen zu können.

Der Herd der Erhebung war Athen. Denn vor allen anderen erschien es ganz besonders den Athenern unerträglich, wenn fortan noch Hellas' Söhne unter makedonischer Oberhoheit stehen sollten.[12]) Athen war nebst Ätolien standhaft bei seiner Weigerung geblieben, dem Dekrete Alexanders zu gehorchen und die Verbannten wieder aufzunehmen. Die Nachricht von Alexanders Tode hatte Asklepiades, des Hipparchus' Sohn, zuerst nach Athen gebracht.[13])

Das Volk geriet in eine wilde Aufregung. Die Rednerbühne wurde förmlich bestürmt; jeder wollte seiner Freude Ausdruck geben und Vorschläge zur Schilderhebung gegen Makedonien machen. Demades glaubte warnen zu müssen. „Es ist unmöglich, dass Alexander tot ist," sagte er; „wenn's wahr wäre, dann würde der Leichengeruch schon das Weltall erfüllen."

Aber mit hochtönenden Phrasen war diesmal das Volk nicht zu beruhigen. Vergebens suchte auch der alte Phokion der unruhigen Strömung Einhalt zu gebieten, indem er sagte: „Nicht wahr, wenn Alexander heute tot ist, wird er auch morgen noch tot sein, und auch übermorgen? Folglich können wir uns in Ruhe beraten, und was noch besser ist, in Sicherheit!" [14])

Aber das athenische Volk beriet sich sofort, in Ruhe zwar, aber nicht nach dem Sinne Phokions; es traf die Vorkehrungen zum Freiheitskriege in geheimnisvoller Stille, um den misstrauischen Antipater nicht aufmerksam zu machen, und um so Zeit zu gewinnen, die Kräfte von ganz Griechenland zu sammeln und eine starke Koalition gegen Makedonien unter der Hegemonie Athens zu stande zu bringen.[15])

Zur See war Athen gut gerüstet. Der umsichtige Lykurgus hatte in den 12 Jahren seiner Staatsverwaltung Arsenale gebaut, sie mit Waffen und Kriegsvorräten gefüllt; er hatte die Kriegsschiffe wieder hergestellt, er hatte für die gründliche Reparatur der νεώσοικοι in den drei Kriegshäfen gesorgt; er hatte der Kriegsflotte zuerst Tetreren und Penteren zugefügt. Demosthenes hatte ihn in der Wehrhaftmachung der athenischen Seemacht getreulich unterstützt;[16]) diese war zu dem bevorstehenden Kampfe wohl ausreichend. Daher galt es jetzt vor allen Dingen, auch eine Landmacht aufzustellen. Es mussten Söldner angeworben werden. Hierzu aber fand sich, wie gerufen, eine grosse Söldnerschaar auf dem Tänarum. Auf diesem Vorgebirge lag das mit Asylrecht versehene Heiligtum des Poseidon Asphaleus[17]) und ein ebenfalls Tänarum genannter Ort. Schon seit langer Zeit galt dieser Punkt als neutrales Gebiet in Griechenland und war deshalb auch der gewöhnliche Werbeplatz griechischer Söldner geworden. Die Zahl derjenigen aber, welche auf dem Tänarum eines Umschlags der Dinge oder neuer Waffenarbeit harrten, war in jenen Tagen ganz besonders gross. Denn Alexander hatte noch kurz vor seinem Ende den Satrapen seines weiten asiatischen Reiches strengstens befohlen, die Heerhaufen, welche sie nach und nach um sich gesammelt, zu entlassen.[18])

Die entlassenen Söldner aber waren nach dem Grundsatze dass der Krieg den Krieg ernähren müsse, raubend und plündernd in Asien umhergezogen.[19]) Um alle die unruhigen Scharen dauernd unschädlich zu machen, wollte Alexander sie in Persis ansiedeln.[20]) Die Söldner aber zeigten keine Neigung, sich den Absichten Alexanders zu fügen. Die meisten von ihnen mochten sich auch wohl nach der alten Heimat sehnen, und als daher die Kunde zu ihnen gedrungen war, dass in Griechenland Unruhen ausgebrochen seien, hatten sie sich gesammelt und zur Rückkehr nach Griechenland gerüstet. Sie wählten den Athener Leosthenes, einen tapferen und erfahrenen Kriegsmann, zu ihrem Anführer. Dieser schiffte die Söldner ein und brachte sie nach Europa zurück.[21]) Die Angabe, dass es an 50 000 Mann gewesen seien,[22]) beruht wohl auf einem Irrtum. Die bei weitem grössere Mehrzahl von ihnen mag sich in die Heimat begeben haben, und weil bald darauf die meisten griechischen Staaten sich der Erhebung Athens gegen die makedonische Herrschaft anschlossen, so fand sich ja auch bald Gelegenheit für sie, dem gewohnten Waffenhandwerke nachzugehen. Den Rest führte Leosthenes zum Tänarum. Es waren noch 8000 Mann, altgediente, in vielen und schweren Schlachten erprobte Krieger.[23])

Mit der Landung am Tänarum konnte Leosthenes das Kommando, welches die Söldner ihm übertragen, als beendet ansehen. Aber Leosthenes selbst war ein entschiedener Gegner Alexanders und seiner Politik.[24]) Er hatte deshalb auch Verbindungen mit den athenischen Patrioten unterhalten und war jedenfalls über die Vorgänge in Athen genau unterrichtet.[25]) Auch hatte er wohl seine Mitbürger darauf aufmerksam gemacht, wie sie durch Anwerbung seiner Söldner den Kern und Grundstock zu einer vortrefflichen Landmacht gewinnen könnten.

So gaben denn die Athener dem Leosthenes insgeheim die Weisung, die Söldner auf seinen Namen anzuwerben, als ob er auf eigne Hand ohne Auftrag vom Staate handle. Leosthenes nahm in aller Stille die 8000 Söldner zu weiteren Kriegsunternehmungen in Sold.

Mittlerweile aber kamen aus Asien nach Athen Boten, welche Augenzeugen vom Hinscheiden des grossen Königs gewesen waren.[26]) Sie wussten jedenfalls auch viel von der Bestürzung und Verwirrung zu erzählen, welche der Tod des Gewaltigen bei Führern und Heer in Babylon verursacht hatte.

Da war der Freiheitsdrang der Athener nicht mehr zu zügeln. Das Volk erklärte sich offen für den Krieg.[27]) Man schickte dem Leosthenes 50 Talente aus dem harpalischen Schatze und Waffenvorräte aus den Arsenalen des Staates, die, wie oben gezeigt, unter der Verwaltung des Lykurgus aufs beste in stand gesetzt waren. Zugleich liess man dem Feldherrn die Weisung zukommen, die Maske des Privatmannes abzuwerfen und offen für die Sache der Freiheit zu wirken.[28])

Leosthenes zahlte den Söldnern die Löhnung aus und versah die Unbewehrten mit Waffen. Sodann unternahm der rührige Mann eine Gesandtschaft zu den Ätoliern, von denen er erwarten konnte, dass sie sich den Athenern anschliessen und ihre ganze Kraft dem Freiheitsbunde widmen würden. Sie waren ja ausser den Athenern die einzigen, welche standhaft bei ihrer Weigerung geblieben waren, dem Verbanntendekrete Alexanders Folge zu geben. Die Ätolier schlossen denn auch bereitwilligst Symmachie mit Leosthenes und verpflichteten sich, 7000 Mann zum Freiheitskampfe zu stellen. Doch mit diesem Erfolge nicht zufrieden, schickte Leosthenes auch zu den Lokrern und Phokiern und zu den andern Nachbarstaaten der Ätolier, und forderte sie auf, zur Befreiung Griechenlands von makedonischer Hegemonie zur Erkämpfung der alten Unabhängigkeit die Waffen zu ergreifen. So war Leosthenes rastlos thätig zur Bildung einer starken Koalition gegen Makedonien.

In Athen herrschte unterdessen reges Leben und Treiben. In der Ekklesia kam es in jenen Tagen zu heftigen Auftritten und Auseinandersetzungen. Auch Leosthenes weilte damals in seiner Vaterstadt, um Rechenschaft über seine Thätigkeit abzulegen und seine Mitbürger zu weiterem, entschlossenem Handeln anzufeuern. Die makedonische Partei gab sich alle erdenkliche Mühe, den Ausbruch der Feindseligkeiten zu verhindern. Mit leichter Mühe wurden für diese Bestrebungen die begüterten Bürger gewonnen, welche von jedem Kriege Gefahr für ihren Besitz fürchteten.[29]) Makedonische Gesandte empfahlen die Aufrechthaltung der Bundesverträge und ermahnten eindringlich Vertrauen zu Antipater zu haben, der ja ein gar trefflicher Herr sei. „Wir wissen, dass er ein trefflicher Herr ist," sagte Hyperides; „aber wir bedürfen keines trefflichen Herrn."[30])

Der alte bedächtige Phokion warnte vor übereilten Beschlüssen. Das Volk, sagte er, begebe sich ohne alle Not in Gefahr und lasse sich nicht witzigen durch das allgemein beklagte Unglück Thebens. Die Athener möchten sich nicht verführen lassen durch jene Männer, die gern an der Spitze eines Heeres stehen möchten. Das war auf Leosthenes gemünzt. Dieser fragte denn auch den Alten mit höhnischem Lachen, was er denn für die Stadt Gutes zuwege gebracht habe, da er doch so viele Jahre der Oberfeldherr gewesen sei? „Etwas recht Gutes," erwiederte Phokion, „dass man die Bürger in ihrem eigenen Familiengrab bestatten kann". Leosthenes aber pries das Begräbnis im Kerameikos und die Leichenrede, beides zu Ehren der im Kriege Gefallenen, höher; das sei des Mannes würdig, jetzt Zeit zum Kriege, jetzt der Beistand aller Hellenen gewiss, sicherer Erfolg vorherzusehen.[31]) Phokion aber entgegnete: „Junger Mann! Deine Reden gleichen den Cypressenbäumen; sie sind gross und hoch, aber sie tragen keine Frucht!" Und als sich dann Hyperides mit der Frage erhob: „Wann, o Phokion, wirst du denn endlich einmal den Athenern zum

Kriege raten?" da entgegnete der Bedächtige: „Dann, wenn ich sehe, dass die jungen Leute gern auf ihrem Posten bleiben, die Reichen gern Geld zum Kriege hergeben, und die Redner es lassen können, den Staat zu bestehlen".

Und als sodann noch viele voll anerkennender Bewunderung auf die von Leosthenes zusammengebrachte Streitmacht hinwiesen und auch Phokions Meinung darüber hören wollten, sagte er: „Ganz gut für das Stadium! Aber ich fürchte den Dolichus des Krieges; denn Athen hat kein weiteres Geld, keine weiteren Schiffe, keine weiteren Soldaten mehr." [32])

So trat offene Anhänglichkeit an Makedonien, kalt berechnender Egoismus und Eigennutz, kleinliche Verzagtheit und politische Beschränktheit den Schritten der patriotischen Partei hemmend entgegen.

Aber die Volksmänner und Redner der Freiheit siegten; sie setzten es durch, dass die athenische Ekklesia einen Beschluss fasste, der die ruhmreiche Vergangenheit Athens und ganz Griechenlands wieder aus dem Grabe hervorzaubern zu wollen schien. Das Psephisma, welches den Krieg beschloss und erklärte, lautete: „**Das Volk solle sich der Freiheit des gesamten Griechenlands annehmen, die Städte von ihren Besatzungen befreien, 40 Tetreren und 200 Trieren ausrüsten; alle Athener bis zu 40 Jahren sollten ins Feld rücken, nämlich drei Phylen zum Schutze von Attika zurückbleiben, die sieben anderen aber sollten sich zu auswärtigen Kriegszügen bereit halten; ferner sollten Gesandte ausgeschickt werden, die von einer griechischen Stadt zur andern gehen und erklären sollten, wie das Volk der Athener früher das gesamte Griechenland als das gemeinsame Vaterland der Griechen angesehen und die Barbaren, die dasselbe mit Heeresmacht unterjochen wollten, zur See abgewehrt habe, so glaube es auch jetzt im Kampfe für das gemeinsame Heil der Griechen mit Mannschaft, Geld und Schiffen zuerst sich einstellen zu müssen.**" [33])

Dieser Beschluss war zugleich die Kriegserklärung an

Makedonien und der Aufruf zum Freiheitskampfe an die griechischen Stämme und Staaten. Er setzte der schwankenden Politik Athens mit einem Male ein Ziel und rief in ganz Griechenland grosse Begeisterung für die Sache der Freiheit hervor. Mit ungewohnter Entschiedenheit, mit fast verlernter Energie, mit bewunderungswürdiger Rührigkeit wurde mit der Ausführung der einzelnen Punkte des Psephismas begonnen.

Vor allen Dingen wurden die Makedonisierenden von der Verwaltung des Staates entfernt. Die gefährlichsten Anhänger der Fremdherrschaft wurden verbannt oder suchten, weil sie kein gutes Gewissen hatten und die Rache des Volkes fürchteten, schon vor dem Urteilsspruche ihr Heil in der Flucht. Unter denen, welche Athen zuerst verliessen, finden wir Kallimedon, den Krebs, jenen schielenden Schlemmer und gemeinen Verräter, ferner den servilsten Freund Makedoniens, den ungebildeten, frechen und unverschämten Pytheas. Beide flohen zu Antipater und werden nicht versäumt haben, den Statthalter von den Vorgängen in Athen aufs Genaueste zu unterrichten, auf die Grösse der Gefahr aufmerksam zu machen und zu schleunigem Handeln anzuspornen. Antipater sandte die beiden denn auch sogleich mit mehreren andern Abgeordneten auf die Rundreise durch Griechenland, um den Abfall der Griechen von Makedonien und den Anschluss derselben an die Athener zu verhindern.[31])

Auch Aristoteles, der tiefste Denker und umfassendste Geist des Altertums, der berühmteste Lehrer des grössten Schülers, musste Athen verlassen, wo er seit dem Jahre 335 im Lykeion lehrte. Es war nämlich von Eurymedon, dem Hierophanten, der ἀσέβεια angeklagt und wurde verurteilt. Er flüchtete nach Chalkis auf Euböa, wo er bald darauf starb.[35])

Die Anhänger Makedoniens, welche nicht ins Exil getrieben wurden oder sich nicht durch Flucht der Rache des Volkes entzogen, wurden mundtot gemacht; so vor allen Demades. Über ihn wurde der zweite Grad der Atimie verhängt, weil in sieben Fällen das Gericht wegen Ungesetzlichkeiten gegen ihn entschieden hatte.[36])

An die Spitze der athenischen Staatsverwaltung traten nun die Patrioten. Vor allen war es der feurige Hyperides, der in jenen Tagen in Fragen der inneren und äusseren Politik das

Volk leitete, alle notwendigen Massregeln zum Kriege anordnete und ihre Ausführung überwachte.

Dem Kriegsmanifest zufolge wurden Gesandtschaften zu den griechischen Städten geschickt, um diejenigen, welche sich noch nicht für den Krieg erklärt hatten, zum Anschlusse an die Koalition zu bewegen. Auch in dieser Angelegenheit übernahm den wichtigsten Posten Hyperides selbst. Er ging zum Peloponnes.[37] Dort bedurfte es besonderer Anstrengungen, um die Bedenken gegen eine nationale Erhebung Griechenlands zu beseitigen. Korinth, der Schlüssel zum Poleponnes, war der Vorort des makedonischen Bundes und hatte noch makedonische Besatzung. Sodann waren die meisten peloponnesischen Staaten an dem unglücklichen Unternehmen des Agis beteiligt gewesen und fürchteten zu jener Zeit mehr noch, denn früher, Makedoniens Macht. Und endlich wurde der Poloponnes auch vornehmlich bereist von den Abgesandten Antipaters.

Der Gesandtschaft des Hyperides schloss sich in Megara Demosthenes an.[38] Von seinen eignen Freunden und Parteigenossen in die Harpalischen Bestechungsprozesse verwickelt[39]), hatte er aus Athen flüchten müssen und hatte in der Verbannung, meist auf Ägina oder in Troezen weilend,[40]) mit grösstem Interesse die Schicksale seines über alles geliebten Vaterlandes verfolgt und mit Freuden die Bewegung für die Freiheit begrüsst.

Ohne Groll über das harte Schicksal der Verbannung, welches ihm seine Vaterstadt bereitet, mit bewunderungswürdiger Selbstverläugnung dem Hyperides gegenüber, der sein Ankläger gewesen war, mit edler, uneigennütziger Vaterlandsliebe widmete Demosthenes von neuem seine ganze Kraft dem Kampfe gegen Makedonien. Und während der brave Polyeuktus von Sphettus, der immer ein begeisterter Anhänger von Demosthenes' politischen Grundsätzen gewesen war, Arkadien bereiste, um Teilnehmer des Freiheitskampfes zu gewinnen,[41]) forderte Demosthenes, in schönster Eintracht mit Hyperides zusammenwirkend, die übrigen Hellenen des Peloponnes mit begeisterten Reden auf, sich an dem Angriff gegen die Makedonier zu beteiligen und diese in Gemeinschaft mit den Athenern aus Griechenland hinauszujagen.[42]) Und als die meisten anderen Staaten des Peloponnes gewonnen waren, da unterstützte Demosthenes auch noch in

Arkadien durch die Macht seiner Beredsamkeit den Polyeuktus, der sich bis dahin vergebens bemüht hatte, die Arkadier zum Anschlusse an die Koalition zu bewegen.[43])

In der Nationalversammlung der Arkadier kam es zu einem heftigen Auftritte zwischen Pytheas und Demosthenes. Mit seinem gewohnten Feuereifer forderte Demosthenes zur Teilnahme an dem Kampfe gegen Makedonien auf. Pytheas dagegen bot den ganzen ihm zu Gebote stehenden natürlichen Witz auf, um den Demosthenes lächerlich zu machen und so einen für die Makedonier günstigen Beschluss der Versammlung herbeizuführen. Er sagte unter anderem: „Wie man bei einem Hause, in welches Eselsmilch hineingetragen wird, sogleich weiss, dass irgend ein Übel darin steckt, so muss auch in derjenigen Stadt irgend eine Krankheit herrschen, in welcher eine Gesandtschaft der Athener erscheint." Demosthenes griff das Gleichnis auf, gab ihm aber eine andere Wendung, indem er bemerkte: „Die Eselsmilch wird zur Genesung von dem Übel gebracht; so auch erscheinen die Athener, um die Kranken zu kurieren." [44])

Demosthenes siegte; die Arkadier schlossen sich dem Freiheitsbunde an.[45])

Die Athener erhielten alsbald Kunde von dem neuen, glänzenden Beweise des edlen selbstverläugnenden Patriotismus ihres grossen Mitbürgers. Hyperides hatte sich auf der Rundreise durch die poloponnesischen Staaten mit Demosthenes verständigt, und aus dem gemeinsamen Wirken und Streben beider Männer für dasselbe Ziel lässt sich schliessen, dass auch die kleinste Spur von Eifersucht zwischen ihnen beseitigt war. Die Zeit war zu gross und zu ernst, um persönlicher Rivalität noch Raum zu geben. Wenn Hyperides selbst, was doch höchst wahrscheinlich ist, seinen Mitbürgern Bericht über die Gesandtschaft in den Peloponnes erstattete, dann konnte er den Demosthenes nicht unerwähnt lassen; dann musste er der Verdienste gedenken, welche sich Demosthenes um den Anschluss der peloponnesischen Staaten, um das Zustandekommen der Koalition erworben hatte.

Mit der grössten Freude nahmen die Athener die Nachricht von der aufopfernden Thätigkeit, von dem patriotischen Eifer ihres grössten Mitbürgers auf, und sie schämten sich nicht, offen einzugestehen, dass dem edlen Manne durch die Verbannung Unrecht geschehen sei.

Auf den Antrag des Demon aus dem Gau Päania, der ein Verwandter des Demosthenes war, fasste das Volk den förmlichen Beschluss, dass dem grossen Redner die Rückkehr in das Vaterland zu gestatten sei.[46]) Und als dem Demosthenes dieses Psephisma zugestellt wurde, da verdoppelte er seinen Eifer für die nationale Sache. Nachdem er den ganzen Peloponnes durchzogen und die meisten Staaten für den Bund gewonnen hatte, da eilte er nach Ägina. Dorthin sandten ihm die Athener die Staatstriere entgegen, welche ihn abholte und zum Piräus brachte. Es war ein schöner, ein denkwürdiger Festtag für die ganze Stadt, als die Triere in den Hafen einlief. Der athenische Demos in seiner Gesamtheit, hoch und niedrig, jung und alt, arm und reich, war zugegen. Kein höherer Staatsbeamter, kein Priester war zu Hause geblieben. Mit begeisterten Zurufen wurde Demosthenes empfangen; in festlichem Zuge wurde er vom Piräus zur Stadt hinaufgeleitet. Gerührt hob er seine Hände zum Himmel und dankte den unsterblichen Göttern, dass er diesen Tag erlebt habe. Noch ehrenvoller, meinte er selbst, sei seine Rückkehr, als die des Alkibiades; denn seine Mitbürger, die ihn so empfangen hätten, handelten aus Überzeugung, nicht aus Not.[47])

Die ungekünstelte Freude, der hervorbrechende Jubel des athenischen Volkes über die Rückkehr des grossen Patrioten, die Rührung des Demosthenes selbst zeigen uns so recht die glühende Vaterlandsliebe der Athener und ihre Sehnsucht nach der alten Freiheit.

Aber Demosthenes konnte so ohne weiteres noch nicht wieder in das politische Leben und Treiben seiner Vaterstadt mit Rat und That eingreifen. Denn noch immer lastete die Geldstrafe von 50 Talenten auf ihm. Nach dem Gesetze konnte eine solche Verurteilung nicht durch Volksbeschluss wieder aufgehoben werden. Man umging daher das Gesetz durch eine List. Es war Sitte, bei dem Feste Zeus', des Erhalters, denjenigen Personen, welche den Altar zurichteten und ausschmükten hierfür eine grössere Summe auszuzahlen. Diesmal wurde nun die Ausstattung des Altares, welche an sich nur mit geringen

Kosten verbunden war, dem Demosthenes übertragen, und das Volk gewährte ihm dafür aus der Staatskasse die Summe von 50 Talenten, so dass er also seine Strafe zahlen konnte und damit in alle Rechte eines athenischen Bürgers wieder eintrat.[48])

Der Aufruf Athens zum Kampfe für die Freiheit hatte den besten Erfolg. Die meisten griechischen Völkerschaften traten nach und nach in ein Schutz- und Trutzbündnis, zu einer festorganisierten hellenischen Bundesgenossenschaft zusammen. Das Haupt des Bundes war Athen. Athen hatte von vornherein an der Spitze der Bewegung gestanden; es setzte noch einmal seine ganze materielle und geistige Kraft ein, um durch die Befreiung aller Hellenen von makedonischer Oberhoheit die Hegemonie in Griechenland zu erringen.[49])

Unter den ersten, welche sich dem Bunde anschlossen, waren, wie oben gezeigt, die Ätolier. Auch das ganze nördliche Thessalien[50]) sagte sich von Makedonien los mit Ausnahme der Polinnäer, deren Stadt von Philipp auf Kosten der Nachbargemeinden erhoben war. Von den Völkerschaften des südlichen Thessaliens traten dem Bunde bei die Ötäer mit Ausnahme des Trachinischen Heraklea, die phthiotischen Achäer ausser Theben am pagasäischen Meerbusen, die Malier ausser den Lamiern, ferner die Änianen. Dann traten bei alle Dorier, Lokrier und Phokier.[51]) Auch die halbhellenischen Völkerschaften, wie die Athamanen, Doloper und ein Teil der Molosser unter ihrem Führer Aryptäus blieben dem Kampfe für die Unabhängigkeit Griechenlands nicht fern.[52]) Selbst einige Illyrier und Thrakier beteiligten sich aus Hass gegen das herrschsüchtige Makedonien am Kampfe für die griechische Freiheit.

Die Akarnanen teilten sich in zwei Parteien, die eine für, die andere gegen Makedonien. Die Akarnanen von Alyzia und die Leukadier hatten sich an die Sympolitie der Ätolier angeschlossen und waren mit diesen dem Bunde beigetreten.[53])

Die übrigen Akarnanen blieben aus Hass gegen die Ätolier, welche ihnen Öniadä entrissen hatten, Makedonien treu.

Sodann nahmen an dem Kriege noch teil die **Karystier** auf Euböa. Sie vertrieben die makedonische Besatzung und schlossen sich dem hellenischen Bunde an.

Im Peloponnes wurden durch die attischen Freiheitsredner, besonders durch Demosthenes, für den Bund gewonnen die **Argiver, Sikyonier, Elier, Phliasier, Arkadier, Messenier** und die **Küstenbewohner von Argolis**, von Trözen bis Epidaurus. Auch auf die **jonischen Inseln** scheint sich die Bewegung erstreckt zu haben. Von **Kephallenia** können wir als sicher annehmen, dass es dem Bunde beigetreten sei.[54]

Es befremdet uns einigermassen, dass sich die **Spartaner nicht** in den Bund der Freiheit stellten. Aber Sparta war noch erschöpft vom Kriege des Agis, zu dem es seine ganze materielle und moralische Kraft aufgeboten hatte. Dazu kam, dass sich von diesem Kriege her noch 50 der edelsten Spartaner als Geisseln in den Händen Antipaters befanden.[55] Es mochte auch wohl der tief eingewurzelte Hass und die alte Eifersucht, welche kaum in der dringendsten Gefahr eine Vereinigung der beiden Staaten zu einmütigem Handeln zuliess, nicht ohne Einfluss sein auf den Entschluss der Spartaner, in dem bevorstehenden Kampfe, durch dessen Führung Athen die Hegemonie über ganz Griechenland zu gewinnen trachtete, neutral zu bleiben. Hatte ja auch Athen, wahrscheinlich aus demselben Grunde, sich im entscheidenden Momente nicht entschliessen können, das kühne Unternehmen des Agis zu unterstützen. Auch die Achäer des Peloponnes schlossen sich der Bundesgenossenschaft nicht an. Sie hatten sich von dem bei Chäronea erlittenen Verluste und von dem schweren Schlage bei Megalopolis noch nicht wieder erholt.[56]

Die **Böotier** erblicken wir auf Seiten der Makedonier; sie eröffnen sogar, wie wir sehen werden, den Kampf. Bei der Zerstörung Thebens hatte Alexander das thebanische Gebiet den Böotiern geschenkt, und diese gefielen sich sehr wohl in dem einträglichen Besitze.[57] Jetzt aber fürchteten sie, dass die Athener, wenn sie als Sieger aus dem bevorstehenden Kampfe hervorgingen, den unglücklichen Thebanern, für die Athen immer grosse Teilnahme gezeigt hatte, ihre Vaterstadt und das

Land zurückgeben würden, dass ein neues, stolzes Theben erstehen würde, welches dem ganzen Böotien gegenüber seine früher unbestrittene Vorherrschaft strengstens geltend machen würde.⁵⁸)

Die neue hellenische Bundesgenossenschaft gliederte sich fest zusammen. Athen war naturgemäss der Vorort des neuen Bundes. Hier tagte das Synedrion, der Bundesrat, und je nach dem Masse ihrer Macht und ihrer Teilnahme am Kriege waren die Staaten vertreten.⁵⁹)

Die Truppen-Contingente der einzelnen Staaten wurden von ihren heimischen Strategen geführt. Die Leitung des ganzen aber, die Führung der Bundes-Armee, übertrug das Synedrion dem athenischen Strategen Leosthenes, zum Teil mit Rücksicht auf den Vorrang und die Macht Athens, zum Teil aber auch in Anbetracht der Tüchtigkeit und der verdienstvollen Vergangenheit des Leosthenes selbst.⁶⁰)

Leosthenes war ein ausgesprochener Feind Makedoniens. (s. o.) In Asien hatte er im persischen Heere gegen Alexander gekämpft. Es wurde ihm von allen Hellenen als grosses Verdienst angerechnet, dass er die griechischen Söldner, entgegen den Plänen des allmächtigen Alexander, ihrer Heimat wieder zugeführt hatte. Leosthenes hatte immer mit der Patriotenpartei seiner Vaterstadt in Verbindung gestanden. Er war rastlos und unermüdlich und mit bestem Erfolge thätig gewesen bei der Anwerbung der Söldner und bei der Bildung der Koalition. Er galt als energischer und kriegstüchtiger Feldherr. So hegte denn der ganze Bund wohlbegründetes Vertrauen zu ihm und setzte grosse Hoffnungen auf ihn, die der Brave keineswegs, so viel an ihm lag, zu schanden gemacht hat.

Während die athenischen Freiheitsredner den Peloponnes bereisten, um die dortigen Staaten zum Kampfe gegen Makedonien aufzufordern, während in Athen und von Athen aus noch Verhandlungen über die Organisation des Bundes geführt wurden, begann Leosthenes im Einvernehmen mit der Regierung seiner Vaterstadt bereits die Kriegsoperationen. Er stach mit seinen 8000 Söldnern am Tänarum in See, fuhr an der Westküste des Peloponnes hinauf und landete in Ätolien, wo er die Verstärkungen dieses Stammes, 7000 tapfere, kriegsmutige

Ätolier, an sich zog.⁶¹) Und als er sodann seinen Weg durch Lokris und Phokis nahm, schlossen sich auch die Contingente dieser Staaten an ihn an. So gelangte er mit einer schon beträchtlichen Truppenmacht zu den Thermopylen und besetzte dieses natürliche Thor von Griechenland.⁶²) Dorthin schickten ihm die Athener ihr Truppen-Contingent zu, 5000 Hopliten aus der Bürgerschaft, 500 Reiter und 2000 Söldner. Diese ansehnliche Verstärkung musste ihren Weg durch Böotien nehmen, wurde aber hier am weiteren Vordringen gehindert von einem feindlichen Corps, welches bei Plataä Stellung genommen hatte. Es unterliegt wohl keinem Zweifel, dass sich die Böotier auf die Kunde vom Heranrücken des athenischen Hülfscorps mit der makedonischen Besatzung der Kadmea vereinigt hatten, und diese wiederum war wohl ansehnlich verstärkt durch die makedonischen Besatzungstruppen, welche aus Karystus auf Euböa beim Anschlusse dieser Gemeinde an die hellenische Koalition vertrieben war.⁶³)

Leosthenes, der von dem Aufbruch und Heranrücken des athenischen Hülfscorps und von der feindlichen Bewegung der vereinigten Böotier und Makedonier unterrichtet war, teilte sein Heer; die eine Abteilung liess er als Besatzung in den Thermopylen zurück. An der Spitze der anderen Abteilung drang er in Böotien ein und rückte geraden Weges auf Plataä los. In der Nähe dieser Stadt, die Alexander aus dankbarer Hochachtung für ihre ruhmvolle Theilnahme am Kampfe von Marathon hatte befestigen lassen, in denselben Gefilden, wo vor ungefähr 150 Jahren die drohende Persergefahr gänzlich beseitigt, und die Freiheit der Griechen so rühmlich verteidigt war, fochten jetzt Hellenen gegen Hellenen. Es gelang Leosthenes, sich mit dem athenischen Hülfscorps zu vereinigen, und so brachte er den Feinden eine gänzliche Niederlage bei. Der erste Sieg im Freiheitskampfe war erfochten. Leosthenes errichtete die Trophäen und trat dann mit der willkommenen Verstärkung den Rückzug zu den Thermopylen an. Die Stärke des Bundesheeres betrug nunmehr 30 000 Mann.⁶⁴) Der Feldherr besetzte alle Zugänge zu dem wichtigen Thermopylen-Passe aufs sorgfältigste und erwartete kampfbereit das makedonische Haupttheer.⁶⁵)

Antipater, der Statthalter Makedoniens, befand sich in einer schwierigen Lage. Der Hader mit der Königin-Mutter und ihrem Anhange am makedonischen Hofe dauerte fort. Die Thrakier im Osten, die Illyrier im Westen, waren in bedrohlicher Bewegung und machten zum Teil gemeinschaftliche Sache mit den Hellenen. Es hätte einer bedeutenden Heeresmacht bedurft, wenn man des Aufstandes in seinem ganzen Umfange mit einem Schlage Herr werden wollte. An streitbarer Mannschaft fehlte es aber in Makedonien; die einheimischen Truppen, welche nur eben abkömmlich gewesen waren, hatten fortwährend zur Ergänzung des Eroberungsheeres nach Asien geschickt werden müssen.[66]) In der richtigen Erkenntnis seiner schwierigen Lage hatte sich Antipater sogleich bei der Nachricht von Alexanders Tode und von der Verteilung der Statthalterschaften nach Bundesgenossen umgesehen. Aus Asien konnte er auf Hülfe durch Kraterus mit ziemlicher Bestimmtheit rechnen. Dieser von Alexander sehr geschätzte und vielfach ausgezeichnete Feldherr war infolge der Strapazen des indischen Feldzuges erkrankt und hatte deshalb auch von Alexander den Befehl erhalten, 10 000 Veteranen nach Europa zurückzuführen und an Antipaters Stelle die Statthalterschaft in Makedonien zu übernehmen, wogegen Antipater den Ersatz für die heimkehrenden Truppen dem Alexander zuführen sollte.[67])

Als Alexander starb, war Kraterus mit seinen Veteranen bis nach Kilikien gekommen. Die Anordnungen in betreff des Statthalter-Wechsels in Makedonien blieben nun selbstredend, ebenso wie die übrigen letzten Befehle und Pläne des grossen Königs, unausgeführt. Nach der Vereinbarung der Diadochen sollte Antipater bevollmächtigter Strateg in Europa, Kraterus aber Prostat des makedonischen Königtums sein.[68])

Antipater sandte nun an Kraterus nach Kilikien eine Botschaft, um ihn in Kenntnis zu setzen von den in Europa ausgebrochenen Unruhen und von der Gefahr, welche der makedonischen Herrschaft drohte. Schleunige Hülfe sei unbedingt erforderlich.[69])

Sodann aber schickte Antipater auch zu Leonnatus, welchem das hellespontische Phrygien als Statthalterschaft zugewiesen war, und bat ihn um seinen Beistand in den bevorstehenden Kämpfen;

er versprach, ihm eine seiner Töchter zur Gemahlin zu geben.[70]

Wir sehen aus diesen Vorkehrungen, dass Antipater der griechischen Erhebung keineswegs eine geringe Bedeutung beilegte; er glaubte der Bewegung nicht allein Herr werden zu können. Auf der anderen Seite sah er auch recht wohl ein, dass durch eine Zögerung seinerseits der Aufstand immer mehr Boden gewinnen würde. Deshalb wartete er die Ankunft von Hülfstruppen nicht erst ab, sondern beschleunigte seinen Aufbruch so viel als möglich. In Makedonien liess er den Sippas zurück mit dem Auftrage, das Reich gegen seine Feinde im Norden, Osten und Westen nach Kräften zu schützen, noch möglichst viele Truppen auszuheben und die entbehrlichen Streitkräfte zum Kriegsschauplatze nach Griechenland nachzuschicken.

Mit einem Heere von 13 000 Fussoldaten und 600 Reitern drang er durch den Pass an der Küste und sodann durch das Tempethal[71] in Thessalien ein. Eine Flotte von 110 Trieren, welche kurz vorher zur Bedeckung eines grossen Geldtransportes aus den Königlichen Schätzen zu Babylon nach Makedonien gekommen war, fuhr ihm zur Seite an der Küste Thessaliens hinab.[72]

Thessalien war beim Anrücken Antipaters schon in voller Bewegung. Die makedonische Regierung hatte die Freiheit und Selbstständigkeit der meisten thessalischen Gemeinden nie sonderlich geachtet, und deshalb ist es leicht erklärlich, dass sich die Mehrzahl der Thessalier bald für die Sache der Nation begeistern liess. Dennoch wagten sie nicht sogleich, sich dem Antipater feindlich entgegenzustellen; ja ihre Reiterei unter Führung des edlen und tüchtigen Meno von Pharsalus[73] schloss sich an Antipater an.

Leosthenes war auf die Nachricht vom Anrücken des Antipater über die Thermopylen hinausgerückt. Einer so geringen Streitmacht, wie der makedonische Statthalter sie heranführte, konnte er sich im offenen Felde entgegenstellen, und es war jedenfalls das Vortheilhafteste für ihn, ehe die Makedonier Verstärkung erhielten, einen entscheidenden Schlag auszuführen. Er vereinigte die Contingente der Ötäer, Änianen, Malier mit seinem Heere und suchte auch die noch unentschiedenen Städte zum Anschlusse an die Koalition zu bewegen, und es ist nicht unwahrscheinlich, dass er durch einen kühnen Handstreich auch Heraklea, das bis dahin treu zu Makedonien gehalten hatte, von der makedonischen Sache zu trennen suchte, um zu verhindern, dass sich Antipater dieses wichtigen Punktes bemächtige.

Antipater hätte dem Kampfe ausweichen und im Norden Thessaliens seine Verstärkungen erwarten können. Aber es musste ihm auch viel daran gelegen sein, das treugebliebene Heraklea zu retten. Nur durch energisches Einschreiten und kräftiges Eintreten für die makedonischen Bundesgenossen konnte er dem weiteren Abfall der thessalischen Gemeinden Einhalt thun.

Vertrauend auf seine strategische Geschicklichkeit und seine überlegene Reiterei rückte daher Antipater auf Heraklea los. Da traf ihn in der Nähe der verbündeten Stadt angesichts des Feindes ein schwerer Verlust. Der Hipparch Meno, der nicht mehr im Zweifel sein konnte, dass die bei weitem grösste Mehrzahl der thessalischen Gemeinden, von den Athenern gewonnen,[74]) sich der hellenischen Bewegung angeschlossen habe, führte seine Reiter dem Leosthenes zu, und tapfer fochten diese fortan in den Reihen der Verbündeten für die Freiheit der Griechen.[75])

Nun konnte bei Heraklea der Sieg nicht mehr zweifelhaft sein. Die Taktik Antipaters musste der Uebermacht der Verbündeten unterliegen.

Antipater wagte nach dieser Niederlage nicht ein zweites Treffen zu liefern. Nach Makedonien konnte er sich nicht zurückziehen, weil ihn die thessalischen Völkerschaften anzugreifen drohten. Und so suchte er denn vor allen Dingen das feste Lamia zu erreichen, welches ja auch dem Bündnisse mit Makedonien treu geblieben war. Als er jedoch zum Sperchius kam, jenem Flüsschen, welches ungefähr auf halbem Wege zwischen Heraklea und Lamia sich in den Malischen Meerbusen ergiesst, da sperrten ihm die Thessalischen Reiter, welche ihn überholt hatten, den Uebergang und suchten ihm so den Rückzug abzuschneiden. Da rückte Antipater in sein Lager, welches sich zwischen dem Sperchius und Heraklea befand, zurück, gab aber den Befehl, dass das ganze Heer unter den Waffen bleiben und die Lasttiere gepackt bleiben sollten. Die thessalischen Reiter machten darauf einen Ritt nach Lamia, zerstreuten sich in die Häuser und nahmen ein Frühstück ein.

Da führte Antipater schnell, bevor die Thessalier wieder zur Abwehr herbeieilen konnten, sein Heer über den Fluss und zog sich nach Lamia zurück, welches im Sturm eingenommen wurde.[76])

Lamia, im Gebiete der Malier im thessalischen Phthiotis gelegen, das heutige Zeitun, war eine der bedeutendsten Städte Thessaliens und ein für die Verbindung Thessaliens mit dem übrigen Griechenland strategisch sehr wichtiger Punkt. Die Stadt lag am Nordabhange des Othrys, in einer fruchtbaren Ebene, zu beiden Seiten des Flüsschens Achelous, welches in den Sperchius mündet. Eine hohe Burg beherrschte die Stadt. Weil sie nur 50 Stadien, ungefähr eine deutsche Meile, von ihrem Hafen Phalara am malischen Meerbusen lag, so gewährte sie dem Antipater alle Zufuhr von seiner Flotte.[77])

In diesen durch Natur und Kunst wohlbefestigten Platz hatte sich also Antipater zurückgezogen. Er versorgte sich mit Waffen und Lebensmitteln, liess die Festungsmauern aufs beste instand setzen, stellte Wurfmaschinen auf und erwartete die Ankunft der Hülfstruppen aus Asien.

Leosthenes zog mit seinem ganzen Heere vor Lamia, schlug ein Lager auf und rückte dann in Schlachtordnung gegen die Mauern vor, um den Feind zu einem Treffen herauszufordern und so durch einen entscheidenden Schlag eine langwierige Belagerung zu vermeiden. Antipater aber wagte es nicht, sich in eine Schlacht einzulassen. Deshalb machte Leosthenes den Versuch, die Stadt durch Sturm zu nehmen. Er liess Tag für Tag die Mauern mit immer frischen Truppen berennen. Da jedoch ein noch immer ziemlich bedeutendes Heer in der Stadt lag, da ferner, wie schon bemerkt wurde, die Mauern in den besten Stand gesetzt, und Wurfmaschinen in grosser Anzahl aufgestellt waren, so schlugen die Makedonier mit leichter Mühe und ohne grosse Verluste jeden Sturm zurück, wogegen viele von den Griechen bei solchen Stürmen den Tod fanden.[78])

Leosthenes sah mehr und mehr ein, dass er die Festung mit Sturm nicht werde nehmen können. Er zog deshalb einen breiten und tiefen Graben um die Stadt, warf einen Wall auf und schnitt dem Feinde so die Verbindung mit der Flotte und damit auch jegliche Zufuhr von Lebensmittein ab. Er hoffte auf diese Weise die Belagerten durch Mangel zur Uebergabe zu zwingen, bevor die Hülfstruppen aus Asien zum Entsatze herankämen.

Es zeigte sich in der Folge sehr bald, dass Leosthenes nicht falsch gerechnet hatte. Antipaters Leute waren bereits erschöpft, die Not der Belagerten stieg von Tag zu Tag, und der Fall der Stadt schien nahe zu sein.[79])

Nach kurzer Zeit schon sah sich Antipater gezwungen, Frieden anzubieten. Leosthenes verlangte unbedingte Kapitulation. Antipater mochte wohl glauben, dass es noch immer früh genug sei, einen so schmachvollen Frieden abzuschliessen. Er brach die Unterhandlungen ab und schien es aufs äusserste ankommen lassen zu wollen.[80])

Und es traten denn auch bald zwei Ereignisse ein, welche die Lage auf dem Kriegsschauplatze vollständig anders gestalteten. Zunächst erlitt das Bundesheer einen nicht unerheblichen Verlust durch den unerwarteten Abzug der Ätolier. Diese baten nämlich den Leosthenes, sie in die Heimat zu entlassen. Sehr wahrscheinlich ist es, dass diejenigen Akarnanen, welche dem makedonischen Bündnisse treu geblieben waren, in Verbindung mit den zurückgekehrten Öniaden in das Gebiet der Ätolier einen feindlichen Einfall gemacht hatten; vielleicht hatte auch hier Antipater seine Hand im Spiele. Gewiss war es für das Bundesheer ein grosser Verlust, dass die Ätolier insgesamt abzogen. Der tapfere und kampflustige Stamm hatte sich sehr zahlreich an der Erhebung beteiligt, und das ätolische Contingent mochte immerhin beinahe den vierten Theil des ganzen Bundesheeres ausmachen.[81])

Ein noch härterer Verlust traf die Griechen kurze Zeit nach dem Abzuge der Ätolier. Die griechischen Soldaten waren noch immer mit der Verschanzung ihres Lagers und mit der vollständigen Einschliessung der Stadt beschäftigt. Hierbei wurden sie oft von den Eingeschlossenen überfallen. In einem auf diese Weise unter den Mauern entstandenen Handgemenge eilte Leosthenes seinen Leuten zu Hülfe. In seiner Kühnheit und Unerschrokenheit wagte sich der Feldherr bis dicht an die Mauern vor. Da wurde er mit einem Schleudersteine an den Kopf getroffen und sank auf der Stelle bewusstlos zusammen.

Die Soldaten trugen den Schwerverwundeten ins Lager. Am dritten Tage starb er an der empfangenen Wunde.[82]

Der Tod des Leosthenes war für die Makedonier ein unerwartetes Glück,[83] für die Hellenen der Anfang vom unglücklichen Ende.[84]

Leosthenes war schwer zu ersetzen. Die verbündeten Staaten hatten infolge seiner Verdienste um das Zustandekommen der Koalition das grösste Vertrauen zu ihm. Die Söldner verehrten ihn als ihren Retter und Vater. Die Strategen gehorchten ihm gern, da sie seine Umsicht, seinen unerschrockenen Mut, seine persönliche Tapferkeit anerkennen mussten. Das ganze aus so verschiedenen Elementen zusammengesetzte, und doch in kurzer Zeit so wohldisziplinierte und auf einen hohen Grad der Leistungsfähigkeit gebrachte Heer war ein lebendiger Beweis für seine aussergewönliche Tüchtigkeit als Soldat und Feldherr. „So pflegt," sagt Pausanias, „bei ganz besonders grossen Schlägen die Gottheit zuerst den Führer wegzunehmen, wie sie bei Leuktra den Spartanern ihren König Kleombrotus, den Athenern bei Delium den Hippokrates, und später in Thessalien den Leosthenes entriss."[85]

In Athen trat bei der Kunde vom Tode des Leosthenes Bestürzung an Stelle der Freude, welcher man sich bei der glücklichen Führung des Krieges, bei den fortwährenden Siegesnachrichten ohne Rückhalt hingegeben hatte. Der tapfere Feldherr, der die Seele der Kriegsoperationen gewesen war, der trotz seiner kurzen Laufbahn viele und grosse Erfolge zu verzeichnen hatte, verklärte sich in den Augen seiner Mitbürger zu einem nationalen Helden, der sein Leben bereitwilligst der Freiheit von Hellas geopfert habe. Aufrichtig war die Trauer der ganzen Bürgerschaft. Die Braut des Feldherrn aber, die Tochter des Areopagiten Demotion, gab sich bei der Nachricht vom Tode des Geliebten selbst den Tod mit den Worten: „Obschon unberührt, sei sie doch Wittwe. Im Geiste sei sie dem Leosthenes vermählt gewesen; keinem Andern wolle sie angehören".[86]

Die Volksversammlung beschloss, dem gefallenen Strategen, den seine Krieger vor Lamia auf das Ehrenvollste, wie es einem Helden geziemt, bestatteten, eine Leichenfeier im Kerameikos zu veranstalten. Dort wo Perikles, Thrasybulus, Kanon, Chabrias und die Helden von Chäronea ruhten, wo unzählige Säulen und Grabsteine daran erinnerten, dass Hellas jederzeit Männer hervorgebracht, die ihr Leben freudig dem Vaterlande dahingegeben, wurde die Totenfeier für Leostenes abgehalten.[67]) Hyperides, der durch seine politische Stellung, durch seinen unversöhnlichen Hass gegen Makedonien und durch seine feurige Beredsamkeit unter den anwesenden Rednern die erste Stelle einnahm, wurde von der Ekklesia beauftragt, in einem Epitaphios die Tugenden und Verdienste des ruhmvoll für das Vaterland gefallenen Feldherrn zu verherrlichen.

„Schwer ist es wohl", — sagt Hyperides in dieser Leichenrede — „die in solcher Trübsal sind, zu trösten: denn die Trauer wird nicht durch Rede, noch Melodie in Schlummer gesenkt, sondern die Grenze der Betrübnis liegt in eines jeden Gemüt und in der Liebe zu den Hingeschiedenen. Doch müssen wir gutes Mutes sein und die Betrübnis mindern, so viel als möglich: wir müssen nicht blos des Todes der Verblichenen gedenken, sondern auch des Trefflichen, das sie hinterlassen haben. Denn nicht Beklagenswertes haben sie gelitten, sondern hohen Preises Würdiges vollbracht. Wenn sie nicht eines sterblichen hohen Alters theilhaft geworden sind, so haben sie dagegen nie alternden Ruhm erlangt und sind vollkommen glückselig. Denn die kinderlos gestorben sind, denen werden die Lobpreisungen der Hellenen unsterbliche Kinder sein. Die aber Kinder hinterlassen haben, denen wird die Liebe des Vaterlandes schützende Pflegerin der Kinder bleiben. Zudem, wenn der Tod soviel ist, als nicht geboren sein, so sind sie jetzt befreit von Krankheit und Kummer und von allem, was das menschliche Leben befällt. Ist aber Empfindung im Reiche der Toten, und eine Fürsorge des höchsten Wesens, wie wir glauben, dann müssen die, welche die verletzte Ehre der Götter aufrecht gehalten haben, die grösste Glückseligkeit von dem höchsten Wesen erlangen".[68])

Je mehr man den Tod des Leostbenes betrauerte, je mehr man ihn bei dem Kampfe für die Freiheit als die Seele des Unternehmens vermisste, um so schwerer wurde es, ihn durch einen würdigen Nachfolger zu ersetzen. Da gab es viele, welche die Besorgnis hegten, der alte bedächtige Phokion werde als Feldherr ausgesandt und werde dann, weil er immer gegen den

Krieg gestrebt hatte, dem ganzen, so glänzend begonnenen Unternehmen durch einen glimpflichen Friedensschluss schnell ein Ende machen. Um dieser Eventualität vorzubeugen, wurde ein wenig bekannter Mann aus der niederen Volksklasse aufgestellt, welcher in der Volksversammlung erklären musste, er sei ein Freund und alter Schulkamerad des Phokion und rate dringend, diesen Mann zu sparen und wohl zu behüten, weil man keinen andern seinesgleichen besitze. Man solle lieber den Antiphilus zur Armee absenden. Phokion war zugegen; er erhob sich und erklärte, er sei zwar nie mit jenem Menschen in die Schule gegangen, stehe auch sonst zu demselben durchaus in keinem nähern oder entfernteren Verhältnisse, aber heute mache er ihn zu seinem Freunde, weil er geraten habe, was zu seinem Besten sei. [89])

Das Volk wählte also den Antiphilus zum Feldherrn, einen Mann von ausgezeichneten strategischen Kenntnissen und grosser persönlicher Tapferkeit. Den Leosthenes jedoch konnte er schwerlich ersetzen. Er war noch sehr jung und hatte auch wohl schon darum nicht Kraft und Ansehen genug, um die eigenwilligen griechischen Völkerschaften gehörig zusammenzuhalten. Auch abgesehen davon verging immer erst einige Zeit, ehe er sich die Liebe und das Vertrauen der verbündeten Regierungen sowohl, als auch ihrer Strategen und Truppen-Contingente in dem Grade erwerben konnte, wie es Leosthenes besessen hatte.

Antipater hatte die beiden Vorteile, die ihm aus dem Abzuge der Ätolier und dem Falle des griechischen Feldherrn erwachsen waren, wohl wahrgenommen. Besonders hatte ihn der letztere Unfall der Griechen so sehr ermutigt, dass er es schon wagte, den Wall der Belagerer zu durchbrechen. [90]) Unterdessen hatte er auch an den Leonnatus in Klein-Phrygien einen zweiten Boten in der Person des Hekatäus, Tyrannen von Kardia, abgesandt und um schleunige Hülfeleistung gegen die Hellenen gebeten. [91])

Dem Leonnatus war zwar vom Reichsverweser Perdikkas aufgetragen, mit seiner ganzen gewaffneten Macht den Eumenes in die demselben zugefallene Satrapie Kappadokien einzusetzen. Hekatäus aber bot seine ganze Überredungskunst auf, um den Leonnatus von Eumenes abzuwenden und für Antipater zu gewinnen. Er erfüllte damit nicht nur seinen Auftrag, sondern befriedigte auch seine persönlichen Rachegelüste. Denn der Tyrann von Kardia war ein erbitterter Gegner des Eumenes, welcher ebenfalls aus einer angesehenen, dem Geschlechte des Hekatäus aber von alters her verfeindeten Familie Kardias stammte und den Alexander wiederholt zur Befreiung seiner Vaterstadt von der Tyrannis des Hekatäus aufgefordert hatte. [92])

Was aber wohl hauptsächlich für Leonnatus entscheidend war, das Gebot des Reichsverwesers ausser acht zu lassen und der Aufforderung Antipaters folge zu geben, das war ein Schreiben, welches der genannte Hekatäus überbrachte. Es war ein vertraulicher Brief von Alexanders Schwester Kleopatra, der Wittwe des Königs von Epirus, worin diese den tapferen Hetären Alexanders einlud, nach Pella zu kommen; sie sei geneigt, sich ihm zu vermählen.

Dem ehrgeizigen Manne war dadurch die glänzende Aussicht auf Makedoniens Thron eröffnet. So beschloss denn Leonnatus, nach Europa zu ziehen. Er forderte den Eumenes auf, sich an dem Zuge zu beteiligen. Doch dieser schloss sich mit seiner geringen Truppenmacht an den Reichsverweser Perdikkas an, der dann dem Braven zum Besitze seiner Satrapie verhalf. [93])

Leonnatus setzte über den Hellespont, zog in Eilmärschen durch Thrakien, vereinigte in Makedonien junge einheimische Streitkräfte mit seinem Heere und brachte dieses so auf eine Stärke von mehr als 20 000 Fusssoldaten und 2500 Reitern. Mit dieser nicht unbeträchtlichen Streitmacht zog Leonnatus nach Thessalien und drang in Eilmärschen über Larissa gegen Lamia vor.

Als die Griechen vom Anmarsche des Leonnatus Kunde erhielten, hoben sie die Belagerung Lamias auf, steckten ihr Lager in Brand und zogen dem Leonnatus entgegen, um seine Vereinigung mit Antipater zu verhindern. Das zum Kampfe untüchtige Volk und das Kriegsmaterial schickten sie nach Meliteia. [94]) Diese ausgedehnte und wohlbefestigte Stadt, ungefähr auf halbem Wege zwischen Lamia und Pharsalus am Nordabhange des Othrys am Flüsschen Enipeus gelegen, hatte sich dereinst mit Erfolg gegen Philipps Angriffe verteidigt und stand jetzt treu zum hellenischen Bunde. Das griechische Heer betrug noch 22 000 Mann Fussvolk und mehr als 3500 Reiter, darunter 2000 Thessalier, auf welche man sowohl wegen ihrer erprobten Tapferkeit, als auch wegen ihres trefflichen Führers am meisten die Hoffnung des Sieges setzte.[95]) Aus den angegebenen Ziffern geht hervor, dass das Bundesheer schon bedeutend geschwächt war. Viele Griechen hatten nämlich das Beispiel der Ätolier nachgeahmt, und waren, des Kampfes schon überdrüssig, nach Hause abgezogen.[96]) Dennoch zog das Heer kampfesmutig dem neuen Feinde entgegen. Zwischen Lamia und Pharsalus stiessen die beiden Heere aufeinander. In einer Ebene, die von schwer zugänglichen waldigen Anhöhen umschlossen war, und auf der einen Seite sich zu einem mit Schilf bewachsenen Sumpfe herabsenkte, begann die griechische Reiterei das Gefecht. Das Terrain war für die Reiter ausserordentlich günstig; dennoch gelang es ihnen erst nach langem erbittertem Kampfe, die Makedonier zurückzuwerfen. Leonnatus selbst, welcher die Verteidigung leitete und sich mit bewunderungswürdiger persönlicher Tapferkeit und todesverachtender Kühnheit schlug, wurde schliesslich an die sumpfige Stelle gedrängt und hier mit seiner ganzen Umgebung niedergemacht. Der Leichnam des tapferen Feldherrn wurde mit genauer Not von einigen seiner Getreuen aus dem Getümmel gerettet und ins Lager getragen. Nachdem so die Griechen in dem Reitertreffen unter Anführung des thessalischen Hipparchen Meno einen glänzenden Sieg erkämpft hatten, wagte die makedonische Phalanx keinen Angriff, sondern zog sich sogleich aus der Ebene auf die schwer zugänglichen waldigen Höhen zurück und nahm eine nach allen Seiten hin gesicherte Stellung ein. Dennoch griff die siegestrunkene griechische Reiterei an, ihr Angriff hatte aber eben wegen des schwierigen Terrains nicht den geringsten Erfolg. Das gesammte griechische Heer zog deshalb, nachdem es seine Toten aufgenommen und ein Siegeszeichen errichtet hatte, vom Schlachtfelde ab.[97])

Am Tage nach der Schlacht kam Antipater mit seinen Truppen aus Lamia an und vereinigte sich mit dem besiegten Hülfscorps. Er hatte durch die Niederlage wenig oder gar nichts verloren. Denn von der Einschliessung war er befreit, den grössten Teil der langersehnten Verstärkung hatte er nun doch mit seinem Heere vereinigt und war dadurch jetzt den Verbündeten weit überlegen. Der Fall des Leonnatus aber konnte nur wünschenswert und vorteilhaft für ihn sein. War doch nun ein gefährlicher Nebenbuhler beseitigt, der dem makedonischen Strategen in Bezug auf die unbestrittene Herrschaft über Makedonien leicht hätte den Rang ablaufen können.[98])

Antipater bezog nun mit dem vereinigten Heere ein Lager. Er wagte es noch immer nicht, durch eine offene Feldschlacht die Entscheidung herbeizuführen, zog sich vielmehr ganz aus der Gegend, wo das Treffen mit Leonnatus vorfiel, weg und rückte weiter nach Norden auf die makedonische Grenze zu; er nahm aber seinen Weg nicht durch die thessalische Ebene, sondern durch Thäler und Schluchten, deren Höhen er vorher immer behutsam besetzen liess. Diese Sicherheitsmassregeln entsprachen ganz der strategischen Tüchtigkeit Antipaters; er mochte sie auf diesem Zuge noch verschärfen, weil er Angriffe der siegreichen griechischen Reiterei fürchtete. Es ist wahrscheinlich, dass Antipater erst am oberen Peneus im Gebiete der der makedonischen Sache treu gebliebenen Pelinnäer ein festes Lager bezog, um die Ankunft des Kraterus und seiner Veteranen abzuwarten. Antiphilus hielt sich mit dem Bundesheere weiter im Süden Thessaliens, beobachtete aber genau die Bewegungen des Feindes.[99]).

So würde denn bis zu diesem Zeitpunkte der Gang der Ereignisse nur als ein für die Griechen günstiger bezeichnet werden können, wenn sie zur See mit gleichem Glücke und Erfolge gestritten hätten wie zu Lande.

Dieses war aber nicht der Fall.

Die makedonische Flotte war bei Beginn des Krieges in einer Stärke von 110 Trieren in See gegangen. Sie war, wie wir gesehen haben, dem Landheere zur Seite an der Küste Thessaliens hinabgefahren. Als Antipater sich nach der Schlacht von Heraklea in Lamia verschanzte, kreuzte die makedonische Flotte jedenfalls im Malischen Meerbusen und versorgte anfangs den Antipater mit Lebensmitteln. Als aber Leosthenes Lamia cernierte, verlor Antipater die Verbindung mit seiner Flotte, und diese selbst scheint nun nach Südosten zu den Sporaden gesegelt zu sein, um Verstärkungen aus Phönikien, Kypern und Kilikien an sich zu ziehen. [100]) Diese Verstärkungen scheinen beträchtlicher gewesen zu sein, als das ganze makedonische Geschwader, und es ist nicht unwahrscheinlich, dass sie von der kilikischen Küste her herangeführt wurden durch den „weissen" Klitus, der sich wohl in den Gewässern der Sporaden mit den 110 makedonischen Trieren vereinigte, den Oberbefehl über die ganze Flotte, die nunmehr aus 240 Schiffen bestand, übernahm und sich in der Folge als Nauarch trefflich bewährte.

Die Athener wollten dem Psephisma zufolge, welches den Krieg erklärte, 200 Trieren und 40 Tetreren ausrüsten. Dieser Beschluss scheint nicht in seinem ganzen Umfange ausgeführt zu sein; auch scheint die Ausrüstung der Flotte keineswegs beschleunigt zu sein; denn wir lesen nichts von Operationen der athenischen Flotte gegen die makedonische in der Nähe der thessalischen Küste. Erst als die makedonische Flotte sich auf 240 Schiffe verstärkt hatte und unter dem Oberbefehl des Klitus stand, da brachten die Athener, weil sie das Übergewicht der Makedonier erkannten, durch neue Rüstungen ihre Flotte auf 170 Schiffe. Euetion befehligte dieselbe. [101])

Sei es nun, dass die griechische Flotte im südlichen Teile des ägäischen Meeres kreuzte, um Verstärkungen von den Inseln an sich zu ziehen, oder sei es, dass die Athener mit den Rhodiern, welche nach Alexanders Tode die makedonische Besatzung vertrieben und ihre Stadt von der makedonischen Herrschaft befreit hatten, [102]) in Verbindung getreten waren und sich mit der Flotte derselben zu vereinigen suchten — die beiderseitigen Flotten stiessen aufeinander in der Nähe von Amorgus, der am weitesten nach Südosten gelegenen Kykladeninsel. Die makedonische Flotte behielt hier das Übergewicht. Euetion wurde geschlagen, drei oder vier hellenische Schiffe wurden zerstört. Klitus that sich auf diesen seinen ersten Seesieg so viel zu gute, dass er sich Poseidon nennen liess und als Zeichen seiner Macht den Dreizack führte. [103])

In Athen wartete man voll Spannung auf Siegesnachrichten von der Flotte.

Da eilte denn auch eines Tages der Bürger Stratokles bekränzt durch den Kerameikos, verkündete jubelnd einen grossen Sieg der athenischen Seemacht und beantragte ein Dank- und Freudenfest. Aber während das Volk sich im Festschmaus und lautem Jubel der Siegesfreude hingab, lief die geschlagene Flotte in den Piräus ein. Und als nun Stratokles seiner trügerischen Botschaft wegen zur Verantwortung gezogen werden sollte, erklärte er mit frecher Stirn seinen Mitbürgern: „Was ist es denn Schlimmes, ihr Männer von Athen, dass ich euch drei fröhliche Tage verschafft habe?" [104])

Nach ihrem Siege bei Amorgus verfolgten die Makedonier die heimkehrende athenische Flotte bis in die attischen Gewässer. Ja, ein starkes Corps von Makedoniern und Soldtruppen unter Führung des Milkion unternahm bei Rhamnus an der Ostküste Attikas eine Landung und durchzog verheerend und plündernd das attische Küstenland. Phokion, welcher schon seit einiger Zeit von seinen Mitbürgern gedrängt worden war, gegen die noch immer feindlichen Böotier einen Feldzug zu unternehmen, [105]) musste sich jetzt notgedrungen an die Spitze seiner waffenfähigen Mitbürger stellen. Er zog mit einem Hoplitenheere aus.

Als man sich dem Feinde näherte, liefen die Bürger von allen Seiten zu Phokion heran, wollten ihre strategischen Kenntnisse zeigen und guten Rat geben: dort müsse eine Höhe besetzt, dort die Reiterei hingeschickt, auf diesen Punkt der Angriff gerichtet werden. „Herkules", sagte Phokion, „wie viele Feldherrn sehe ich — und wie wenig Soldaten!"

Und als der alte Stratege endlich seine Schar in Schlachtordnung aufgestellt hatte, da eilte ein Hoplit aus dem Gliede den andern weit voraus, lief aber, als ein Feind auf ihn zukam, voll Angst in Reih und Glied zurück. „Bursche", sagte Phokion, „schämst du dich nicht, dass du zweimal deinen Posten verlassen hast, zuerst den, worauf du von deinem Feldherrn gestellt warst, dann den, worauf du dich selbst gestellt?"

Phokion drang nun auf den Feind ein, und trotz der schlechten Disziplin, welche in seinem Corps herrschte, gelang es ihm, einen vollständigen Sieg über die makedonischen Raubschaaren davonzutragen. Viele Söldner und Makedonier wurden niedergemacht, unter ihnen auch ihr verwegener Führer Milkion. [106]).

Nach dieser Niederlage wagte die makedonische Flotte

keine zweite Landung, sondern segelte um den Peloponnes herum in das jonische Meer, um das Küstenland der Ätolier, die nächst den Athenern den Makedoniern am gefährlichsten waren, zu beunruhigen, um die Ätolier selbst von einem neuen Zuge gegen die makedonische Streitmacht in Tessalien abzuhalten, vielleicht auch, um den makedonischen Bundesgenossen jener Gegend in ihren Kämpfen mit den Ätoliern zu Hülfe zu kommen.

Die Athener rüsteten neue Schiffe aus, darunter auch die erste Pentere. [107] Ein kleines Geschwader wurde an die thessalische Küste gesandt, um der Armee des Antiphilus in Thessalien die Verbindung mit dem Meere zu sichern. Die Hauptflotte der Athener aber folgte der makedonischen in das jonische Meer. An der akarnanischen Küste bei den Echinadischen Inseln kam es noch zu zwei Seeschlachten; in der letzten wurde die athenische Flotte entscheidend geschlagen und viele Schiffe in den Grund gebohrt. [108]

So hatte der Seekrieg ohne Zweifel gegen die Verbündeten entschieden. Die endgültige Entscheidung jedoch, die eigentliche Katastrophe, wurde durch den Landkrieg herbeigeführt.

Im Mai oder Juni des Jahres 322 [109] kam Kraterus mit seinen Veteranen in Makedonien an. Ohne erheblichen Aufenthalt durchzog er das Heimatland und rückte in Thessalien ein. Wohl erklärlich war seine Eile. Galt es doch, schwere Niederlagen der makedonischen Waffen wieder wett zu machen und die Machtstellung desjenigen Landes zu behaupten, über welches er selbst im Rate der makedonischen Grossen am herrenlosen Hof- und Heerlager zu Babylon zum eigentlichen Regenten gesetzt war.

Kraterus brachte ein Heer von 10000 Hopliten, 1000 persischen Bogenschützen und Schleuderern und 1500 Reitern. Unter den 10000 Schwerbewaffneten befanden sich 6000, welche schon mit Alexander nach Asien gezogen waren. [110] Es waren tapfere und erprobte Soldaten.

Diese Streitmacht vereinigte sich mit dem makedonischen Heere. Kraterus überliess dem älteren Antipater, als dem στρατηγὸς αὐτοκράτωρ für Makedonien und Hellas, den Oberbefehl. Das ganze makedonische Heer bestand jetzt, die von

Leonnatus gebrachten Truppen eingerechnet, aus 40 000 Mann schwerbewaffnetem Fussvolk, 3000 Bogenschützen und 5000 Reitern.[111])

Es wurde ein Lager bezogen am mittleren Peneus.

Das hellenische Bundesheer war an Zahl viel schwächer. Denn viele Griechen hatten unter allerlei Vorwänden Urlaub genommen, um in der Heimat ihren Privatangelegenheiten nachzugeben, sei es, dass sie, durch die anfänglich errungenen Vorteile in Sicherheit eingewiegt, kaum noch an einen unglücklichen Ausgang des Unternehmens dachten, sei es, dass sie des Feldzugs, der sich nun schon ins zweite Jahr hinzog, überdrüssig waren.[112]) Allerdings mochten einzelne Staaten auch Verstärkungen gesandt haben. Dem Leonnatus hatten 22 000 Fusssoldaten gegenübergestanden; dem durch Kraterus und seine Veteranen verstärkten makedonischen Heere standen 25 000 Fusssoldaten und 3500 Reiter gegenüber.[113])

Aber nicht nur an numerischer Stärke stand das griechische Heer dem makedonischen nach, sondern auch an Kriegserfahrung, militärischer Disziplin und in betreff der strategischen Leitung. Antipater und Kraterus waren tüchtige Generale, denen Antiphilus und Meno, so fähig sie auch sonst sein mochten, jedenfalls nicht gewachsen waren. Und während im makedonischen Heere die strengste Subordination und strafste Manneszucht herrschte, scheint das Bundesheer unter Antiphilus' Leitung an Ordnung und soldatischer Zucht viel eingebüsst zu haben.[114])

Das Heer der Hellenen stand am nördlichen Abhange der Höhen, welche sich zwischen dem Enipeus und der etwa 2 Meilen südlich vom Peneus gelegenen Stadt Kranon hinziehen. Antipater rückte mit seiner ganzen Streitmacht vom Peneus her auf Kranon los. Vergebens suchte er täglich die Griechen zu einer entscheidenden Schlacht in die Ebene herabzulocken. Diese liessen anfangs alle Herausforderungen zum Kampfe unbeachtet, weil sie noch Verstärkungen aus den Städten erwarteten.

Endlich aber sahen sich die Verbündeten doch genötigt, eine Hauptschlacht zu wagen, wenn sie von der Übermacht Antipaters nicht umgangen werden wollten.[115])

Im Vertrauen auf die erprobte Gewandtheit und Tüchtigkeit ihrer Reiterei und auf das günstige Terrain führten Antiphilus und Meno das Heer den Abhang hinab in die Ebene von Kranon. Sie stellten die Reiterei, um durch diese den Kampf zu eröffnen und womöglich zu einer schnellen glücklichen Entscheidung zu bringen, vor die Reihen des Fussvolkes. In dem nun zunächst entstehenden Reitertreffen zeigten sich die thessalischen Reiter ihres alten Ruhmes würdig; sie bekamen über die an Zahl viel stärkere makedonische Reiterei die Oberhand. Als jedoch Antipater dieses bemerkte, liess er die furchtbare makedonische Phalanx auf die Linie der griechischen Hopliten eindringen. Die kampfgeübten und sieggewohnten makedonischen Schwerbewaffneten richteten ein grosses Blutbad an, und ihrer Übermacht und ihrem Ungestüm konnte die griechische Schlachtreihe nicht stand halten. Antiphilus gab den Befehl zum Rückzuge. In wohlgeordneten Kolonnen zog sich das Bundesheer in das gebirgige Terrain zurück, nahm die Höhen in Besitz und wehrte dann leicht jeden weiteren Angriff der makedonischen Hopliten ab. Die Reiterei der Verbündeten war nun auch gezwungen, den errungenen Vorteil aufzugeben und den Rückzug anzutreten, um nicht durch die feindliche Phalanx von dem übrigen Heere abgeschnitten zu werden.

So endete dieses Treffen, indem sich der Sieg auf die Seite der Makedonier neigte. Die Schlacht wurde geschlagen am 7. Tage des attischen Monats Metageitnion, im 3. Jahre der 114. Olympiade, unter dem Archontat des Philokles, nach unserer Zeitrechnung am 7. August des Jahres 322 v. Chr.

Die Verluste waren auf beiden Seiten nicht bedeutend; sie betrugen auf makedonischer Seite 130, auf griechischer Seite etwas über 500 Mann. Das war im Vergleich zu anderen Schlachten gewiss kein nennenswerter Verlust, und der Tag von Kranon konnte somit weder für die Makedonier einen glänzenden Sieg, noch für die Hellenen eine schwere Niederlage bedeuten. Dennoch wurde der Ausgang der Schlacht für die griechische Freiheit verhängnisvoll; er löste die Koalition vollends auf und bestätigte so unwiderruflich die Entscheidung, welche 16 Jahre früher an ebendemselben Tage bei Chäronea gefallen war. [116])

Am Tage nach der Schlacht hielten Antiphilus und Meno einen Kriegsrat, um einen bestimmten Beschluss zu fassen, ob man noch Verstärkungen aus den Städten erwarten und dann dem Feinde ein entscheidendes Treffen liefern, oder ob man, in die gegenwärtigen Umstände sich fügend, Friedensunterhandlungen anknüpfen solle. Letzteres schien den Feldherren ratsamer. Es wurden daher Gesandte zu Antipater geschickt mit Vorschlägen zur Beendigung des Krieges. [117])

Der schlaue Makedonier jedoch kannte zu gut den Geist der Griechen; er wusste recht wohl, dass im Falle der Not die einzelnen Städte die Sache der Nation im stich lassen und nur für ihr eigenes Wohl besorgt sein würden. Er antwortete desshalb, dass er sich auf Unterhandlungen mit der gesamten Bundesgenossenschaft durchaus nicht einlassen werde; jede Stadt möge einzeln Abgeordnete schicken und wegen des Friedens unterhandeln. Da auf diese Forderung keine Antwort erfolgte, und auch das Bundesheer keine Anstalten traf, abzuziehen oder sich aufzulösen, so sandten Antipater und Kraterus Heeresabteilungen aus zur Belagerung der einzelnen Städte Thessaliens, welche sich feindlich gezeigt hatten. Viele wurden im Sturm genommen, unter diesen auch Pharsalus, die Vaterstadt des Hipparchen Meno. [118]) Die Griechen konnten den bedrängten Städten nicht zu Hülfe kommen. Die Hauptmacht der Makedonier war ihnen jedenfalls gegenüber geblieben, und es ist auch nicht unwahrscheinlich, dass die thessalischen Reiter das Heer der Verbündeten verliessen, als ihre Heimatstädte von dem Feinde angegriffen wurden.

Die Griechen zeigten sich in diesem entscheidenden Momente der Freiheit unwürdig. Je grösser ihre Begeisterung für die Wiedererkämpfung dieses teueren Gutes, je grösser die Opfer, die sie gebracht hatten, je grösser endlich der Jubel und die Freude über die anfänglichen Erfolge gewesen waren, um so grösser war aber auch jetzt ihre Verzagtheit und Missmutigkeit, hauptsächlich hervorgerufen durch den ungünstigen Ausgang eines einzigen Treffens. Und als vollends erst einige Städte von Antipater erobert waren, da liess sich der Freiheitsbund selbst nicht mehr zusammenhalten. Das Heer zog auseinander und gab so aufs Schmählichste die nationale Freiheit auf. [119])

Die einzelnen Städte suchten sich nun in der Erlangung des Friedens zuvorzukommen; sie schickten, jede für sich, Gesandte an Antipater. Dieser war klug genug, nicht allzu harte

Bedingungen zu stellen; er zeigte sich vielmehr allen gegenüber nachgiebig und gewährte ihnen unter sehr annehmbaren Bedingungen den Frieden. Nur Athen, die Führerin der Freiheit, und der kampflustige Stamm der Ätolier, welcher in seinen Bergen noch immer der Herrschaft Makedoniens trotzte, verschmähten es vorläufig noch, einen Separatfrieden mit Antipater abzuschliessen. In Athen, wo immer der Brennpunkt des Hasses gegen Makedonien gewesen war, beriet man sich sogar wegen Fortsetzung des Krieges. [120])

Da rückte aber Antipater, nachdem er so durch die schon von Philipp ausgebildete Politik der Spaltung und Teilung der griechischen Völkerschaften sich den Rücken gedeckt und den weiteren Weg geebnet hatte, mit seinem ganzen Heere ungehindert durch die Thermopylen, drang in Böotien ein, lagerte sich bei der Kadmea und bedrohte Athen.[121]) An den Ätoliern zog er vorläufig ohne Kampf und Friedensschluss vorbei. Er mochte wohl wissen, dass von den Ätoliern weniger zu fürchten sei, und dass, wenn er Athen in seiner Gewalt habe, ganz Griechenland ihm unterthan sein werde.

Die Redner der Freiheit, vor allen Demosthenes und Hyperides, die grössten und unversöhnlichsten Feinde Makedoniens flüchteten, um dem Antipater nicht in die Hände zu fallen, aus der Stadt.[122])

Das athenische Volk, von aller Hülfe der Bundesgenossen entblösst und völlig ratlos, musste jetzt seine Zuflucht zu den Freunden Makedoniens nehmen, zu Phokion und Demades. Der letztere jedoch war nicht einmal in der Lage, Rat erteilen zu können; über ihn war, wie wir oben erzählten, der zweite Grad der Atimie verhängt. Er durfte nicht sprechen in der Volksversammlung, geschweige denn Vorschläge machen oder Anträge einbringen. Für jetzt jedoch musste man aus der Not eine Tugend machen. Die Volksversammlung stellte deshalb die Ehre des einflussreichen Makedonierfreundes, durch dessen Vermittlung man einen glimpflichen Frieden erhalten zu können glaubte, wieder her, und Demades durfte nun wieder Anträge stellen und Rat erteilen. Er machte denn auch sogleich von dem seit einiger Zeit entbehrten Rechte Gebrauch und stellte in der Ekklesia den Antrag, dass Gesandte mit unumschränkter

Vollmacht an Antipater abgeschickt werden sollten, um über den Frieden zu unterhandeln.[123] Doch das Volk traute dem Demades trotz seiner wiederhergestellten Ehre immer noch nicht so viel zu, dass es ihn allein, wie er vielleicht beabsichtigte, zu einer solchen Gesandtschaft ausersehen wollte.

Dieses Misstrauen war aber auch zu gut begründet. Denn Demades war ein niederträchtiger Mensch, dem für Geld alles feil war. Von niedriger Herkunft, hatte er sich durch Gewandtheit im öffentlichen Auftreten, durch natürliche Rednergabe und ungewöhnliche Schlagfertigkeit, besonders aber durch offene Anhänglichkeit an Makedonien grossen Einfluss im Staatsleben erworben, den er jedoch nur dazu benutzte, um sich die Mittel zu einem im höchsten Grade ausschweifenden und liederlichen Leben zu verschaffen. Den Schiffbruch — ναυάγιον — Athens nennt Plutarch diesen Anhänger Makedoniens nicht mit Unrecht.

Auch jetzt würde Demades für eine ansehnliche Geldsumme dem Antipater die weitgehendsten Konzessionen gemacht haben, wenn der von ihm eingebrachte Antrag angenommen, und er allein als Gesandter mit unumschränkter Vollmacht zur Vermittlung des Friedens abgeschickt wäre.[125]

Das Volk gab ihm deshalb den alten Phokion, auf dessen Rechtschaffenheit man bauen konnte, und den begabten Demetrius von Phaleron bei, so dass doch das Schicksal von Athen nicht ganz in die Hände eines unwürdigen Schlemmers gelegt war.

Die Gesandtschaft wurde von dem makedonischen Gewalthaber in der Kadmea sehr freundlich empfangen. Das Erste, warum Phokion bat, war, dass Antipater nicht in Attika einrücken, sondern von Theben aus über den Frieden unterhandeln möge.[124] Kraterus zeigte sich nicht geneigt, die Bitte zu gewähren; er riet, aus dem verbündeten Böotien in das feindliche Attika einzurücken. Antipater aber sagte: „Dieses müssen wir dem Phokion zu Liebe thun!"

Die übrigen Vorschläge jedoch wies Antipater samt und sonders zurück und forderte unbedingte Unterwerfung. Denn solches, sagte er, habe Leosthenes auch in Lamia von ihm verlangt.[126]

Mit diesem Bescheid kam die Gesandtschaft in die Hauptstadt zurück. Da das Volk einsah, dass es Tollkühnheit sei, nochmals gegen eine furchtbare Übermacht ohne jeglichen Bundesgenossen die Waffen zu ergreifen, musste es sich zu der Übergabe entschliessen. Es wurde zu diesem Zwecke eine zweite Gesandtschaft an Antipater abgeschickt, bestehend aus Phokion, Demades und dem berühmten Philosophen Xenokrates aus Kalchedon, der damals an der Spitze der Akademie stand. Den letztern, einen ehrwürdigen Greis, der sich eines glänzenden Rufes grosser Tugenden und allgemeiner Verehrung erfreute, schickte man mit, weil man glaubte, es könne in einer menschlichen Seele unmöglich die Absicht einer übermütigen Grausamkeit entstehen, ohne dass in ihr beim Anblicke dieses Greises ein gewisses Schamgefühl, eine gewisse Hochachtung gegen ihn Platz griffe. [127])

Hierin jedoch hatten sich die Athener geirrt. Antipater empfing den Phokion und Demades äusserst freundlich, reichte ihnen die Hand und bewillkommnete sie, würdigte aber den Xenokrates kaum eines Blickes, und als dieser dennoch zu sprechen wagte, fuhr er ihn mit einer so widerwärtigen, brutalen Heftigkeit an, dass der ehrwürdige Redner alsbald verstummen musste. Der Philosoph äusserte deshalb sehr treffend: Antipater habe ganz recht, dass er sich nur vor ihm über die Rücksichtslosigkeiten schäme, die er gegen Athen im Sinne habe. [128])

Antipater stellte nun folgende Bedingungen: **Die Athener sollten die nicht makedonisch gesinnten Redner, besonders den Hyperides und Demosthenes, der seit seiner Rückkehr wieder grossen Antheil an der Politik genommen hatte, ausliefern; sie sollten nicht nur die Kriegskosten, sondern auch eine grosse Strafsumme zahlen; sodann sollten sie die demokratische Staatsform beseitigen und die oligarchische Verfassung mit Census wieder einführen; in die Hafenstadt Munychia sollte eine makedonische Besatzung gelegt werden. Der bestrittene Besitz von Samos sollte, weil diese Insel zu dem asiatischen Reiche des Königs gerechnet wurde, der Entscheidung des königlichen Hofes anheimgestellt werden.** [129])

Demades erklärte sich sogleich zu dem Vertrage unter diesen

entehrenden Bedingungen bereit; ja er hatte dem Antipater sogar den Rat gegeben, Athen und auch die anderen wichtigeren Orte Griechenlands mit Besatzungen zu belegen.[130]) Phokion erkannte das Entehrende der Besatzung; er erhob einige Einsprache dagegen, schwieg aber, als Antipater ihn fragte, ob er für die Athener bürgen wolle, dass sie den Frieden nicht brechen und Ruhe halten würden. Xenokrates sagte es offen heraus, für Sklaven sei eine solche Behandlung von Seiten Antipaters recht gemässigt, für freie Leute aber sehr hart.[131])

So kam denn im Anfang September 322 zwischen Antipater und Athen ein Frieden zu stande, der des letzteren Freiheit vollständig zu grunde richtete.

Kurz nach dem Abschlusse des Friedens, am 19. September, rückte die makedonische Besatzung in Munychia ein.[132]) Als Befehlshaber war ihr Menyllus beigegeben, der übrigens ein milder Mann und ein guter Freund des Phokion war.[133]) Aber dennoch fühlten die Athener, dass die Besatzung mehr ein Gewaltakt des übermütigen Siegers, als eine Sicherheitsmassregel war, und sie fühlten um so mehr ihre Erniedrigung und ihr Unglück, weil die Besatzung gerade während des grossen Bakchusfestes einrückte.

Die Festlichkeiten, und besonders die althergebrachte feierliche Prozession von Athen nach Eleusis, wurden so vollständig gestört, indem jeder unwillkürlich eine Vergleichung der früheren glücklichen und ruhmvollen Zeiten mit der Gegenwart anstellte, und so eine allgemeine Verstimmung und Traurigkeit an die Stelle der Festesfröhlichkeit trat. „Damals, zur Zeit der grossen Heldenthaten, sagte man, haben sich bei den Mysterien Erscheinungen gezeigt und Stimmen hören lassen, wodurch die Feinde vollends in einen betäubenden Schreck gerieten; jetzt aber müssen die Götter bei dem gleichen Kulte die jämmerlichsten Leiden Griechenlands mit ansehen, die heiligsten Tage werden geschändet, — die schönsten Tage der Freude können jetzt nur noch den Namen von kläglichen Jammertagen führen."[134])

Nachdem Antipater durch die Besatzung Athen ganz in seine Gewalt bekommen hatte, wurde die Verwandlung der Verfassung vorgenommen. Es wurde bestimmt, dass nur diejenigen, welche wenigstens 2000 Drachmen im Vermögen hatten, das

Bürgerrecht behalten sollten.[135]) Alle anderen, die dieses Vermögen nicht nachweisen konnten, sollten als unruhige, neuerungssüchtige Bürger von der Staatsverwaltung ausgeschlossen sein.[136])

Nur 9000 Athener konnten ein Vermögen von 2000 Drachmen nachweisen. Die übrigen aber, über 12000 an der Zahl [137]), zogen die freiwillige Verbannung dem Leben in einer Stadt vor, wo sie immer das Gefühl der erlittenen grausamen und schmachvollen Behandlung peinigen musste.[138]) Viele dieser Auswanderer siedelten nach Thrakien über, wo ihnen von Antipater Ländereien angewiesen waren.[139])

Was den Besitz von Samos angeht, so entschied der Reichsverweser Perdikkas dahin, dass Athen den Samiern Stadt und Insel zurückzugeben habe. Dreiundvierzig Jahre waren die Athener im Besitze der Insel gewesen.[140])

Auch andere Inseln, in deren unbestrittenem Besitz Athen vor dem Kriege gewesen war, verlor es jetzt, so Lemnus, Imbrus, Skyrus, ebenso die Stadt Oropus.[141])

Nach dem Friedensschlusse mit Athen ordneten Antipater und Kraterus ihre Angelegenheiten in Makedonien [142]) und zogen dann mit dem Ausgange des Jahres 322 vereint zu Felde gegen die Ätolier, den einzigen Stamm, der noch unbezwungen war, und wie es schien, auch nicht mit leichter Mühe bezwungen werden konnte; denn die Bewohner des rauhen Berglandes hatten sich beim Anrücken des Feindes auf unzugängliche Höhen zurückgezogen, und infolge dessen hatten die Makedonier mit ihnen einen harten Stand.

Die Ätolier, unterstützt durch ihre feste Stellung, wehrten ohne Mühe und erheblichen Verlust jeden Angriff der Feinde ab, wogegen viele Makedonier bei solchen Stürmen den Tod fanden. Als daher Antipater und Kraterus sahen, dass man auf diese Weise nichts gegen den Feind ausrichten werde, liessen sie gegen Kälte und Nässe wohlverwahrte Zelte errichten und quartierten ihre Leute darin ein. Die Ätolier aber waren genötigt, in der Kälte auszuhalten, und mussten sich auf dem beschneiten Boden lagern. Ausser diesem Übelstande stellte sich auch noch, weil ihnen der Verkehr mit ihrem Lande von den Makedoniern abgeschnitten war, bald der grösste Mangel an Lebensmitteln bei ihnen ein. Wenn sie nicht vor Hunger und

Frost umkommen wollten, dann mussten sie bald von ihren Bergen herabsteigen und einen Verzweiflungskampf gegen ein viel zahlreicheres und von tüchtigen Feldherrn geführtes Heer wagen.

Da jedoch erschien mit einem Male, ohne ihr Zuthun, Hülfe in der Not, gleich als ob ein Gott sich der Tapferen erbarmt hätte. Es kamen nämlich zu dem makedonischen Heere Antigonus und sein Sohn Demetrius und setzten die beiden Feldherrn in Kenntnis von dem Plane des Perdikkas, der sich mit Alexanders Schwester Kleopatra zu vermählen beabsichtige und bald mit seinem Heere als König nach Makedonien kommen und Antipaters Gewalt enden werde. Diese Nachricht bewog die beiden Feldherrn, sogleich mit den Ätoliern einen Friedensvertrag abzuschliessen; unter welchen Bedingungen dieser Friede oder Waffenstillstand zu stande gekommen, lässt sich nicht erkennen. Diodor berichtet nur das Eine, dass Antipater in die Vertragsurkunde den Satz aufnehmen liess, er werde den Krieg später fortsetzen, das gesamte Volk der Ätolier unterjochen und in eine entlegene Gegend Asiens verpflanzen.[113])

Wir wollen zum Schlusse kurz die letzten Schicksale der athenischen Freiheitsredner betrachten. Sie hatten immer den Hass gegen Makedonien genährt. Unversöhnliche Feindschaft gegen die Fremdherrschaft, aufopferungsfreudiges Streben für die Wiederherstellung der alten republikanischen Glanzzeit Griechenlands war die Parole ihres Lebens. Diese letzten grossen Vertreter und Vorkämpfer griechischer Freiheit hatten durch die Macht ihres Wortes auch die dargestellte Erhebung gegen die makedonische Herrschaft hervorgerufen und geleitet; ihr tragisches Ende ist mit den erzählten Ereignissen aufs engste verflochten.

Wie oben schon bemerkt wurde, hatten sich Demosthenes, Hyperides und ihre Freunde bei dem Anrücken Antipaters aus Athen geflüchtet; unter den Friedensbedingungen verlangte der Makedonier, wie wir gesehen haben, ihre Auslieferung. Sie wurden wiederholt vorgeladen; als sie aber nicht erschienen, verurteilte sie das Volk auf den Antrag des nun wieder allmächtigen Demades zum Tode.[144])

Es war natürlich, dass sich Antipater zum Vollstrecker des

Urteiles aufwarf. Er schickte nach den Flüchtigen überall hin Häscher aus, über welche ein gewisser Archias von Thurii das Oberkommando hatte, ein früherer Schauspieler, der sich durch seine nunmehrige Thätigkeit den keineswegs ehrenden Beinamen „Verbanntenjäger" erwarb.

Hyperides, Aristonikus von Marathon, Himeräus von Phaleron und Eukrates hatten sich nach Ägina in den Tempel des Äakus geflüchtet. Sie wurden von Archias aufgespürt, mit Gewalt aus dem Heiligtum gerissen und nach Kleonä in Argolis gebracht, wo Antipater damals weilte. Der finstere Stratcg liess die verhassten Redner unter schrecklichen Martern hinrichten. Dem Hyperides soll man sogar die Zunge ausgeschnitten haben.[145])

Demosthenes hatte sich von Ägina nach der südlicheren, Trözen gegenüberliegenden Insel Kalauria geflüchtet und in dem dortigen Poseidontempel, dem Heiligtum des alten Schirmgottes der Jonier, ein Asyl gesucht. Als Archias dieses vernommen, begab er sich mit einer Anzahl thrakischer Trabanten hin und besetzte die Ausgänge des Tempels. Er selbst ging dann hinein. Demosthenes sass an der Bildsäule Poseidons. Archias suchte zuerst den grossen Redner durch schmeichelnde Worte zu bewegen, ihm gutwillig zum Antipater zu folgen, wo ihm gewiss nichts Schlimmes begegnen werde.

Demosthenes hatte in der Nacht vorher geträumt, er halte mit Archias einen tragischen Wettstreit, müsse aber trotz des Beifalls, den er vom gesamten Publikum einernte, infolge der mangelhaften szenischen Ausstattung unterliegen. Wie viele freundliche Worte daher Archias auch an ihn richtete, er blickte gefasst zu ihm auf und sagte nur: „Archias, du hast nie Eindruck auf mich gemacht mit deinen Theaterspielen, wirst das auch jetzt nicht vermögen mit deinen Versprechungen." Da fing Archias an, seinen Zorn in Drohungen auszulassen. „Nun", sagte Demosthenes, „nun ist's der rechte Ton vom makedonischen Dreifuss herab, vorher war's nur Komödie. Aber warte ein wenig, damit ich noch etwas nach Hause schreiben kann!" Nach diesen Worten zog sich Demosthenes in das Innerste des Tempels zurück, nahm etwas Papier in die Hand, steckte das Schreibrohr in den Mund, wie er dieses beim Schreiben und

Nachdenken häufig zu thun pflegte. Nach einer Weile verhüllte er das Gesicht und liess den Kopf sinken. Die an der Tempelthüre aufgestellten Trabanten lachten ihn aus, weil sie glaubten, er thue dieses aus feiger Angst.

Archias wiederholte seine Aufforderung, aufzustehen und ihm zu folgen, indem er nochmals in vielen schmeichelnden Worten eine Versöhnung mit Antipater in Aussicht stellte. Demosthenes jedoch fühlte schon die Wirkung des Giftes, welches er aus dem Schreibrohre gesogen hatte. Er enthüllte sein Gesicht wieder, sah zu Archias empor und sagte: „Fange nur sogleich an, den Kreon aus der Antipone zu spielen und wirf diesen Leichnam unbeerdigt hinaus! Aber ich, o teurer Poseidon, erhebe mich noch mit lebendigem Leibe aus deinem Tempel. Antipater und die Makedonier dagegen haben selbst dein Heiligtum nicht unentweiht und unbefleckt gelassen." Nach diesen Worten bat er, man möge ihn unterstützen, weil er bereits wankte und zitterte. Als er aber an dem Altare des Gottes vorübergegangen war, sank er zusammen und hauchte mit einem letzten Seufzer seine grosse Seele aus.

Demosthenes starb am 16. Pyanepsion unter dem Archontat des Philokles, Ende Oktober des Jahres 322 v. Chr.[146]) Man kann ihn ohne Bedenken zu den grössten Männern Griechenlands zählen. Sein glänzendes Rednertalent und noch mehr seine glühende Vaterlandsliebe, sein rastloser Eifer für die Freiheit, Selbständigkeit und Grösse seiner Vaterstadt haben seinen Namen unauslöschlich in den Blättern der Weltgeschichte verzeichnet und verkünden so noch lauter und nachhaltiger seinen Ruhm, als jenes Denkmal von Erz, welches ihm seine Mitbürger setzten, und welches folgende Inschrift trug:

„$Ε\check{ι}περ\ \check{ι}σην\ ρώμην\ γνώμῃ,\ Δημόσθενες,\ εἶχες.$
$Ο\check{ὐ}ποτ᾽\ ἂν\ \text{Ἑ}λλήνων\ ἦρξεν\ \text{Ἄ}ρης\ Μακεδών.$"[147])

So endete denn, wie wir gesehen haben, der letzte Versuch der vereinigten Hellenen, sich der makedonischen Oberherrschaft zu entziehen und die frühere Freiheit und Selbständigkeit zu erringen, in jeder Beziehung unglücklich. Wie günstig auch der Zeitpunkt zum Kampfe war, wie grosse Kraftanstrengungen man auch machte, dem mächtigen, ich möchte sagen, jugendlich starken Makedonien, welches von zwei tüchtigen Königen,

Philipp und Alexander, zu einer Weltmacht erhoben war, konnte das kleine Griechenland, welches nicht mehr in sich geeinigt, wie früher, und darum auch nicht mehr so stark war, keinen erfolgreichen Widerstand leisten. Es musste unterliegen in dem Kampfe für seine nationale Selbständigkeit, und seiner harrte das schreckliche Loos wechselnder tyrannischer Herrschaft und despotischer Willkühr, in Vergleich zu welchem das Leben unter den Königen Philipp und Alexander noch in beneidenswertem Lichte erschien. „Denn" — sagt Plutarch [148]) — jene Könige behielten bei ihrer Grösse und Macht doch sogar im Zorne einen gewissen edlen Sinn für Gnade und Verzeihung. Ganz anders aber war es bei Antipater. Die Maske des Privatmannes, welche er zur Schau trug, seine geringe Kleidung, seine einfache Lebensweise, das alles war nur ein Spott auf seine hohe Gewalt. Er benahm sich gegen die Unglücklichen, wie ein Despot und Tyrann, was bei weitem unerträglicher war, als die Herrschaft der Könige Philipp und Alexander."

Citate und kritische Anmerkungen.

1) So sagte Lykurgus mit Recht: „συνετάγη τοῖς τούτων σώμασιν ἡ τῶν ἄλλων Ἑλλήνων ἐλευθερία". — Justin IX, 3: „Hic dies universae Graeciae et gloriam dominationis et vetustissimam libertatem finivit". —

Pausanias I, 25, 3: „τὸ γὰρ ἀτύχημα τὸ ἐν Χαιρωνείᾳ ἅπασι τοῖς Ἕλλησιν ἦρξε κακοῦ, καὶ οὐχ ἥκιστα δούλους ἐποίησε τοὺς ὑπεριδόντας καὶ ὅσοι μετὰ Μακεδόνων ἐτάχθησαν".

2) Die Kadmea hatte sogleich nach der Schlacht von Chäronea eine makedonische Besatzung aufnehmen müssen. Auch Korinth, der Schlüssel des Peloponnes, hatte schon zu Philipps Zeiten eine makedonische Besatzung. Plut. Arat. c. 23. — Ambrakia hatte die makedonische Besatzung vertrieben nach dem Tode Philipps und hatte eine Demokratie eingerichtet, die von Alexander bestätigt wurde. —

3) Plut. Demosth. c. 22. —

4) Plut. Demosth. 22 und 23. — Phoc. 16. —

5) Dr. W. H. Grauert: Historische und philologische Analekten. S. 225. Anm. 37. —

6) Diod. XVIII, 10. —

7) Über den Aufstand Agis' II. cf. Diod. XVII, 62 ff.: „παρεκάλουν τοὺς Ἕλληνας συμφρονῆσαι περὶ τῆς ἐλευθερίας". — Justin. XII, 1. — Curt. IV, 1, 30. VI, 1, 1—16. — Arrian. II, 13. — Plut. Demosth. 24. — Paus. III, 10, 5. — Der Umfang und die Bedeutung dieser Erhebung werden von älteren und neueren Schriftstellern unterschätzt. Veranlassung zu diesen geringschätzigen Urteilen hat jedenfalls Plut. Ages. 15. gegeben, wo von Alexander erzählt wird, dass er den Kampf Antipaters mit Agis II einen „Mäusekrieg" — μυομαχία τις — genannt habe. Dabei berücksichtigt man zu wenig, dass Alexander den Sieg Antipaters nicht nach Gebühr und Verdienst würdigen konnte und vielleicht auch nicht wollte.

Am makedonischen Hofe standen sich Antipater und Olympias feindlich gegenüber. Olympias, die sich wiederholt in die Staatsangelegenheiten zu mischen suchte, dabei aber auf den energischen Widerstand des finsteren und verschlossenen Antipater stiess, führte in ihren Briefen an Alexander unaufhörlich Klage über den Statthalter, und es gelang ihr ja schliesslich wirklich, ihren Sohn mit Misstrauen gegen denselben zu erfüllen. Arrian. VII, 12. — Plut. Alex. 39 und 68. — Ein wahrheitsgetreuer Bericht über die Erhebung wird dem Alexander, ausser von

Antipater selbst, wohl kaum zugegangen sein. Übrigens ergiebt sich auch aus Justin. XII, 1, dass Alexander die Unterdrückung des Aufstandes mit Freuden begrüsste. „Dum haec aguntur, epistolae Antipatri Macedonia ei redduntur, quibus bellum Agidis, regis Spartanorum, in Graecia, bellum Alexandri, regis Epiri, in Italia, bellum Zopyrionis, praefecti ejus in Scythia, continebatur. Quibus varie adfectus plus tamen laetitiae cognitis mortibus duorum aemulorum regum, quam doloris amissi cum Zopyrione exercitus suscepit".
— Der peloponnesische Aufstand war eine wohlgeplante und von langer Hand vorbereitete Schilderhebung gegen Makedonien. Schon der tüchtige Memnon hatte, als in Asien seine Pläne infolge persischer Energielosigkeit zum Teil nicht zur Durchführung gekommen, zum Teil gescheitert waren, im Jahre 333 Verbindungen mit Agis II von Sparta angeknüpft; im Begriff, nach Europa zu gehen, starb er. Aber auch zwei Jahre später war die Erhebung noch gefährlich genug. Alexander war fern in Asien; persönlich konnte er in die griechischen Angelegenheiten nicht eingreifen.

Am makedonischen Hofe herrschte Zwiespalt; Intriguen hemmten die Thätigkeit Antipaters. Der Aufstand in Thrakien bewies, dass auch die Barbarenvölker im Norden den Zeitpunkt für gekommen erachteten, wo sie das unbequeme makedonische Joch abschütteln könnten. Alexander von Epirus, des grossen Alexander Schwager, verfolgte im Westen hochfliegende Pläne und schien als gefährlicher Nebenbuhler Alexanders in dem Kampfe um die Weltherrschaft auftreten zu wollen. —

In Betreff der Ausdehnung des Aufstandes sagt Justin. XII, 1: „Graecia fermo omnis in occasionem recuperandae libertatis ad arma concurrerat, auctoritatem Lacedaemoniorum secuta etc". — und in Bezug auf die Entscheidungsschlacht heisst es ebendaselbst: „magna tamen utrimque caedes fuit".

Nach Diod. XVII, 63 fielen in der Schlacht bei Megalopolis auf Seite der Hellenen mehr als 5300 Mann. Das ist doch wahrlich keine $\mu\nu o\mu\alpha\chi\iota\alpha$. Bezeichnend für die Bedeutung der Erhebung sind auch die Worte des Aeschines κατὰ Κτησιφ. § 165: „καθ' ἑκάστην ἡμέραν ἐπίδοξος ἦν ἁλῶναι, (Μεγαλόπολις) ὁ δὲ Ἀλέξανδρος ἔξω τῆς ἄρκτου καὶ τῆς οἰκουμένης ὀλίγου δεῖν πάσης μεθειστήκει, ὁ δὲ Ἀντίπατρος πολὺν χρόνον συνῆγε στρατόπεδον, τὸ δὲ ἐσόμενον ἄδηλον ἦν".

8) Zu dem Dekrete, betreffend die Verehrung Alexanders als Gott, cf. Aelian. Variae Historiae: II, 19. V, 12. Athen. VI p. 251a.

Nach Aelian. wird Demades zu 100 Talenten, nach Athen. zu 10 Talenten verurteilt.

Über das Ganze cf. J. G. Droysen, Geschichte des Hellenismus. Zweite Auflage. I². S 272 ff.

9) Über die Zeitrechnung dieser Begebenheiten cf. Idoler: Über das

Todesjahr Alexanders des Grossen. Abhdlg. d. Berl. Aksd. d. W. 1822. S. 261.—288. —

Droysen I. Beilage. — H. Clinton, Fasti Hellenici, ed. Krüger, z. d. J. 324 p. 170 ff. —

A. Schäfer: Demosthenes u. s. Zeit. Bd. III. S. 319 Anm. 2. —

W. H. Grauert: Hist. u. philol. Analekten S. 324 Anm. 50. —

Über Nikanor von Stagira cf. Diod. XVII, 109. 111. XVIII, 8. 64 ff. 75. Suidas, Photius, Harpokrates v. Νικάνωρ. H. Vales. zu Harpokr. p. 133. — Die offizielle Bezeichnung des Dekrets scheint διάγραμμα gewesen zu sein. Hyperides nennt es ἐπίταγμα. cf. Droysen I² S. 276 Anm. 2. Der Wortlaut des Dekretes findet sich bei Diod. XVIII, 8. An dieser Stelle nimmt Diod. nur die mit Blutschuld Beladenen aus: „πλὴν τῶν ἐναγῶν". XVII, 109 sagt er: „πλὴν τῶν ἱεροσύλων καὶ φονέων". Justin. XIII, 5: „praeter caedis damnati." Curt. X, 7: „praeter eos, qui civili sanguine aspersi erant".

In dem Dekrete, durch welches später Polysperchon (319.) im Namen des Phil. Arrhidäus die verbannten Griechen zurückrief, findet sich eine ähnliche Ausnahme: „καὶ εἴ τι κατὰ τούτων ἐψήφιστο, ἄκυρον ἔστω, πλὴν εἴ τινες ἐφ' αἵματι ἢ ἀσεβείᾳ κατὰ νόμον πεφεύγασιν". Diod. XVIII, 55 —

Die Motive des Dekrets sind angedeutet bei Justin. XIII, 5: „quod plurimi non legibus pulsi patria, sed per factionem principum fuerant: verentibus iisdem principibus, ne revocati potentiores in republica fierent". Diod. XVIII, 8. sagt genauer: „Ἀλέξανδρος γὰρ βραχεῖ χρόνῳ πρότερον τῆς τελευτῆς ἔκρινε κατάγειν ἅπαντας τοὺς ἐν ταῖς Ἑλληνίσι πόλεσι φυγάδας, ἅμα μὲν δόξης ἕνεκεν, ἅμα δὲ βουλόμενος ἔχειν ἐν ἑκάστῃ πόλει πολλοὺς ἰδίους ταῖς εὐνοίαις πρὸς τοὺς νεωτερισμοὺς καὶ τὰς ἀποστάσεις τῶν Ἑλλήνων." —

Über die Ausschliessung der thebanischen Flüchtlinge von der allgemeinen Amnestie und über den Ausspruch des Eudamidas cf. Plut. Apophthegm. Lac. p. 221. — Über die Gesandtschaft der griechischen Städte an Alexander, um den Beschluss rückgängig zu machen, cf. Arrian. VII. 15. 19. Diod. XVII, 113, Curt. X, 7.

In Betreff der Stimmung bei und nach der Verlesung des Dekrets zu Olympia widersprechen sich Justin. XIII, 5 und Diod. XVIII, 8.

Nach Diod. waren die Verbannten, mehr als 20 000 an der Zahl, bei der Festversammlung gegenwärtig. Diese mögen das Dekret mit Beifall und Jubel aufgenommen haben; sie machten mit den übrigen anwesenden Freunden Makedoniens jedenfalls die Stimmung und liessen ihre Gegner, die Patrioten, nicht zum Worte kommen. Dass aber auch die übrigen Festteilnehmer in ihrer Majorität den Befehl als grosse Gnade angesehen und den König zum Danke für seine Wohlthat gepriesen hätten, kann man Diodor nicht wohl glauben, ebensowenig, dass man an den meisten

Orten die Rückkehr der Expatriierten als ein glückliches Ereignis angesehen hätte.

Diodor widerspricht sich hier selbst. Denn zu Anfang des 8. Cap. giebt er selbst in Übereinstimmung mit Justin. XIII, 5. das Dekret als Veranlassung zum „Lamischen Kriege" an. Wenn die griechischen Gemeinden ihrer Mehrzahl nach wirklich in dem Dekrete ein glückliches Ereignis gesehen hätten, dann konnte es doch nicht die Veranlassung zum Kriege sein, dann würden sich die Staaten nicht so zahlreich an der Erhebung beteiligt haben. Aus der kurzen Erzählung Justins ergiebt sich unzweifelhaft, dass die Stimmung zu Olympia eine sehr erregte, und abgesehen von den Verbannten, eine keineswegs freudig erregte gewesen ist, ebenso, dass das Dekret nicht nur bei den Athenern und Ätoliern, sondern auch in vielen andern Staaten grosse Erbitterung hervorrief. Justin XIII, 5: „Causae belli erant, quod reversus ab India Alexander epistolas in Graeciam scripserat, quibus omnium civitatum exsules praeter caedis damnati restituebantur. Quae recitatae praesente universa Graecia in mercatu Olympiaco magnos motus fecerunt, quod plurimi non legibus pulsi patria, sed per factionem principum fuerant: verentibus iisdem principibus, ne revocati potentiores in re publica fierent. Palam igitur jam tunc multae civitates libertatem bello vindicandam fremebant. Principes tamen omnium Athenienses et Aetoli fuere". —

Über die Athener und Samos cf. Diod. XVIII, 8. Über die Besitzergreifung von Samos cf. Wesseling zu Diod: XVIII, 18. Clinton F. H. z. d. J. 352 p. 142 ed. Krüger. — Über das frühere Verhältnis Athens zu Samos cf. Thucyd. I, 115. VIII, 21. 79. Xenoph. Hell. II, 3. 6. Plut. Perikl. 26. Lys. 14.

Das Genauere bei Curtius: „Inschriften und Studien zur Geschichte von Samos". 1877. S. 21 ff. Droysen II[2]. Beil. 1. (S. 361.)

Über die Ätolier und Oeniadae: Diod. XVIII, 8. Plut. Alex. 49: „ἐφοβοῦντο . . . Ἀλέξανδρον Αἰτωλοὶ διὰ τὴν Οἰνιαδῶν ἀνάστασιν, ἣν πυθόμενος οὐκ Οἰνιαδῶν, ἔφη, παῖδες, ἀλλ' αὐτὸν ἐπιθήσειν δίκην Αἰτωλοῖς."

Droysen gelangt zu der Schlussfolgerung, dass die Mehrzahl der Verbannten der antimakedonischen Partei angehört hätten; dagegen scheint mir folgendes zu sprechen:

1. Die von Justin. XIII, 5, und von Diod. XVIII, 8. angeführten Motive des Dekrets. (s. o.!)
2. Die Ausschliessung der thebanischen Flüchtlinge von der Amnestie. Diese waren antimakedonisch und scheinen gerade deshalb ausgeschlossen zu sein.
3. Demosthenes übernahm zu jener Festversammlung in Olympia die Architheorie, um bei Nikanor Gegenvorstellungen betreffs des Dekrets zu machen. Demosthenes würde die Rückkehr antimakedonischer Verbannten mit Freuden begrüsst haben.

4. Droysen führt an, dass wegen der Siege, welche die Makedonier seit den letzten 15 Jahren davongetragen, die Verbannungen natürlich die Gegner Makedoniens vorzüglich betroffen hätten. Mit Sicherheit nachweisen lässt sich das wohl von keinem Staate, nicht einmal von Athen. In Fragen der inneren Politik hatte zu Athen seit dem Abzuge Alexanders nach Asien meistens die antimakedonische Partei das Übergewicht. Das geht hervor aus dem Umstande, dass Lykurgus bis zum Jahre 326 die Seele der Staatsverwaltung war, die so sehr im antimakedonischen Sinne geführt wurde, dass Alexander sogar an die Athener die Forderung stellte, den Lykurgus auszuliefern.

Das Übergewicht der antimakedonischen Partei geht ferner hervor aus der erdrückenden Majorität des Demosthenes im Prozesse um den Kranz, aus der freiwilligen Verbannung des Äschines, aus dem Widerstande gegen Alexanders Aufforderung, ihn als Gott zu verehren, aus der wiederholten Verurteilung und der Atimie des Demades.

Die von den Athenern expatriierten Samier und die von den Ätoliern vertriebenen Öniaden sind jedenfalls mit unter die Zahl der Verbannten, welche Diodor auf 20000 angiebt, zu rechnen. Samier sowohl als Öniaden kann man nicht als antimakedonisch bezeichnen.

Die Samier waren bei Alexander um ihre Heimkehr vorstellig geworden. Viele von ihnen hatten in der karischen Stadt Jasos Aufnahme gefunden. Zwei Bürger von Jasos, Gorgos und Minnion, die sich in der näheren Umgebung Alexanders befanden, hatten sich beim Könige für die Samier verwandt, und Alexander hatte aus seinem Heerlager den Befehl gegeben, dass den Samiern ihr Land zurückgegeben werden sollte. Gorgos, der wahrscheinlich $\delta\pi\lambda o\varphi \dot{v}\lambda a\xi$ Alexanders war, und sein Bruder Minnion wurden später von den Samiern durch ein Dankdekret, in welchem ihnen das Bürgerrecht verliehen wurde, ausgezeichnet. Dieses Dankdrekret ist herausgegeben, ergänzt und erklärt von C. Curtius: „Urkunden zur Geschichte von Samos". 1873. Vergl. auch Droysen II. Beilage 1.

Aus Diod. XVIII, 8 und Plut. Alex. 49. geht hervor, dass sich auch die Öniaden beschwerdeführend und schutzflehend an Alexander gewandt hatten, um wieder in den Besitz ihrer Stadt zu gelangen. —

10) Justin. XIII, 1: „Ut vero mortis fides ejus adfuit, omnes barbarae gentes paullo ante ab eo devictae non ut hostem, sed ut parentem luxerunt". —

11) Plut. Phoc. 22. Demosth. 27. —
12) Paus. I, 25. 3. —
13) Plut. Phoc. 22. —
14) Plut. Phoc. 22. —
15) Diod. XVIII, 9. —
16) Vit. X Orat. p. 841. 851. Demosth. $\Pi\varepsilon\varrho$. $\Sigma\upsilon\mu\mu o\varrho$. p. 183 f. 186. $K\alpha\tau\dot{\alpha}$ $\text{'}A\nu\delta\varrho o\tau$. p. 595. Lucian, Encom. Demosth. c. 45. T. III. p.

523 ed. Reitz. — Winiewski Comm. in Demosth. Or. de. Cor. p. 33. 200 ff. Philol. 24. 83. 261. U. Köhler im Hermes I, 912. II, 2. V. 223. —
  17) Thuc. I, 128. 133. Nep. Paus. 4. —
  18) Diod. XVII, 111. —
  19) Diod. XVII, 111. —
  20) Paus. I, 25, 4. —
  21) Paus. I, 25, 4. VIII, 52, 2. —
  22) Paus. VIII, 52, 2. —
  23) Diod. XVIII, 9. —
  24) Diod. XVII, 111: „τὸ δὲ τελευταῖον Λεωσθένην τὸν Ἀθηναῖον, ἄνδρα ψυχῆς λαμπρότητι διάφορον καὶ μάλιστα ἀντικείμενον τοῖς Ἀλεξάνδρου πράγμασιν, εἵλοντο στρατηγὸν αὐτοκράτορα". Nach Diod. hätten die Söldner den Leosthenes erst in Europa am Tänarum zum Anführer gewählt; aber Pausanias berichtet an 2 Stellen (I, 25, 4 und VIII, 52, 2), dass Leosthenes die Söldner, die bei den Persern im Dienste gestanden, selbst gegen Alexanders Willen, der sie nach Persis habe verpflanzen wollen, zuvor auf Schiffen aus Asien nach Europa zurückgebracht habe. Leosthenes wird wegen dieser That von Pausanias unter denjenigen Männern aufgezählt, die sich um Griechenland sehr verdient gemacht haben.
  25) Vit. X. Or. p. 848. d. — Plut. de fratern. am. p. 486 d. emendiert von Ruhnken, Hist. Crit. Or. Gr. l. c.: p. 328. —
  26) Diod. XVIII, 9. —
  27) Diod. XVIII, 9. —
  28) Diod. XVIII, 9. —
  29) Diod. XVIII, 10. —
  30) Vit. X. Or. p. 850. a: „ἡκόντων δὲ καὶ παρὰ Ἀντιπάτρου πρεσβέων ἐπαινούντων τὸν Ἀντίπατρον ὡς χρηστόν, ἀπαντήσας (Ὑπερείδης) αὐτοῖς εἶπεν, οἴδαμεν ὅτι χρηστὸς ὑπάρχει, ἀλλ' ἡμεῖς γε οὐ δεόμεθα χρηστοῦ δεσπότου".
  31) Droysen II¹ S. 46. —
  32) Plut. Phoc. 23: „καλῶς πρὸς τὸ στάδιον, τὸν δόλιχον τοῦ πολέμου φοβοῦμαι". Nach Vit. X. Or. p. 846 hat Demosthenes diese Äusserung gethan. Über die Verhandlungen zu Athen vergl. überhaupt: Plut. Phoc. 23. de se ipsum 17. Apophthegm. v. Phocion. Droysen l. c. —
  33) Diod. XVIII, 10. —
  34) Plut. Demosth. 8. 20. 27. — Phoc. 21. 27. 35. — Aeschin. Epist. 12. — Ruhnken, Hist. Crit. Or. Gr. in den Opusc. ed. Friedem p. 345 ff.
  35) Clinton, F. H. über das Jahr 322.
  36) Plut. Phoc. 26: „ἡλώκει γὰρ ἑπτὰ γραφὰς παρανόμων καὶ γεγονὼς ἄτιμος". Diod. XVIII, 18: „ἦν γὰρ τρὶς ἡλωκὼς παρανόμων καὶ διὰ τοῦτο γεγονὼς ἄτιμος". — Wenn, wie es scheint, beide Schriftsteller aus derselben Quelle geschöpft haben, ist offenbar eine der beiden Zahlen verschrieben. „Die Atimie nach der dritten Verurteilung

bezeichnet der Komiker Antiphanes bei Athen. XI, 451a. mit dem ῥήτωρ ἄφωνος". Droysen II¹ 48. Anm. 1. Vergl. auch Andocid. περὶ τῶν μυστηρίων 73—76.

37) Justin. XIII, 5. —
38) Justin. XIII, 5. — Plut. Demosth. 27. —
39) A. Schäfer III S. 293 ff. —
40) Plut. Demosth. 27. —
41) Vit. X. Or. p. 846. c. —
42) Plut. Demosth. 27. — Justin. XIII, 5 sagt: „qui (Demosthenes) ut missum ab Atheniensibus Hyperidem legatum cognovit, qui Peloponnenses in societatem armorum sollicitaret, secutus cum Sicyona, Argos et Corinthum ceterasque civitates eloquentia sua Atheniensibus junxit". Danach hätte Demosthenes alle am Kampfe teilnehmenden Staaten des Peloponnes gewonnen. Dazu zählt Paus. I, 25. 4: Argos — Epidaurus Sikyon — Troezen — Elis — Phlius — Messene. — Diod. XVIII, 11. sagt: „und zuletzt ein Teil der Peloponnesier: die Argiver, Sikyonier, Eleer, Messenier, und die auf der Akte wohnenden." *(καὶ οἱ τὴν Ἀκτὴν κατοικοῦντες.)* — Korinth nennt also nur Justin; es ist wahrscheinlich eine seiner Nachlässigkeiten in der Excerption des sorgfältigen Trogus Pompejus. Denn wenn Korinth am Kriege thätigen Anteil genommen oder sich überhaupt nur dem Bunde angeschlossen hätte, dann würde es von Pausanias und ebenso auch von Diodor in den Bundesgenossen-Katalogen sicher aufgeführt sein. Korinth war der Sitz des makedonischen Bundes und war auch der mächtigste Staat des Peloponnes; auch würde die makedonische Besatzung vertrieben worden sein, oder es würde uns doch wohl irgendwo von einem Versuche berichtet sein, die Besatzung zu vertreiben. Droysen II¹ 55 u. 56 u. 56 Anm. 1. lässt die Frage, ob Korinth dem Bunde beigetreten sei, oder nicht, unentschieden, führt gegen Justin allerdings auch die Besatzung an, und, dass sich damals Dinarchus, der Anhänger Antipaters, in Korinth aufgehalten habe, wie aus [Demosth.] ep. 5. p. 648 ed. B. hervorgehe. Grauert S. 253 Anm. 97: „Von Korinth ist es (das Beitreten zur Koalition) nicht wahrscheinlich, da es nach Plut. Arat. p. 1037 c. von den Zeiten Philipps bis auf Aratus makedonische Besatzung hatte. Mannert, Nachfolger S. 37, verwirft es daher, wogegen Dübner zu Justin XIII, 5 die Besatzung für nicht so mächtig hält, die Verbindung zu verhindern". Aber weshalb wurde dann die Besatzung, wenn sie wirklich so schwach war, nicht vertrieben? —

43) Vit. X. Or. p. 846. c. „μετὰ δὲ τοῦτον τὸν χρόνον τῶν Ἀθηναίων Πολύευκτον πεμψάντων πρεσβευτὴν πρὸς τὸ κοινὸν τῶν Ἀρκάδων, ὥστε ἀποστῆναι αὐτοὺς τῆς τῶν Μακεδόνων συμμαχίας, καὶ τοῦ Πολυεύκτου πεῖσαι μὴ δυναμένου, ἐπιφανεὶς Δημοσθένης καὶ συνειπὼν ἔπεισεν." —

44) Plut. Demosth. 27. —
45) Ich folge hier dem Verf. der Vit. X. Or., welcher p. 846. c. sagt:

„*ἐπιφανεὶς Δημοσθένης καὶ συνειπὼν ἔπεισεν*". — Plut. Demosth. 27 berichtet nicht direkt, dass Demosthenes die Arkadier gewonnen habe. Doch knüpft er an den Bericht über das Auftreten des Demosthenes im κοινόν der Arkadier sogleich die Erzählung von der Freude der Athener über die Erfolge des Demosthenes an, und den Volksbeschluss, welcher dem grossen Redner die Rückkehr nach Athen gestattete, und beschreibt dann die Rückkehr selbst ausführlich. Dieser Zusammenhang würde unlogisch und unnatürlich sein, wenn Demosthenes in Arkadien den makedonischen Gesandten und Rednern unterlegen wäre. Auch aus Paus. VIII, 6. 4. geht hervor, dass die Arkadier nicht von den Makedoniern gewonnen wurden; es heisst dort: „*καὶ ὕστερον ἐν Θεσσαλίᾳ πρὸς Ἀντίπατρον ἐμαχέσαντο μετὰ Ἑλλήνων οὐ μὴν οὐδὲ τοῖς Ἕλλησιν ἐναντία ἐτάξαντο*". Obschon nach dieser Stelle die Arkadier keinen thätigen Anteil am Kriege nahmen, können sie sich doch der Koalition angeschlossen haben. Die Vermutung Grauerts S. 246 Anm. 81, Paus. VIII, 6 scheine anzudeuten, die Arkadier hätten mit ihrer Mannschaft nicht auszuziehen gewagt, aus Furcht, die Lakedämonier möchten ihnen unterdessen ins Land fallen, beruht offenbar auf einem Irrtum. Paus. giebt nämlich in dem folgenden Satze diese Besorgnis der Arkadier als Grund dafür an, dass die Arkadier an der Schlacht bei Thermopylä gegen die Kelten nicht teilnahmen. Paus. VIII, 6, 5: „*πρὸς Γαλάτας δὲ τοῦ ἐν Θερμοπύλαις κινδύνου φασὶ Λακεδαιμονίων εἵνεκα οὐ μετασχεῖν, ἵνα μὴ σφίσιν οἱ Λακεδαιμόνιοι κακουργοῖεν τὴν γῆν ἀπόντων τῶν ἐν ἡλικίᾳ*". — Droysen II¹ S. 55 Anm. 2. vermutet, dass die Partei des Polyainetos in Magalopolis den Abfall der Arkadier von Makedonien gegen den trefflichen, aber makedonienfreundlichen Kerkidas betrieben habe. In dem schon erwähnten (cf. Anm. 9) Dekrete des Polysperchon werden die mit Polyainetos wegen Verräterei verbannten Megalopoliten von der Amnestie ausgeschlossen: Diod. XVIII, 56: „*μὴ κατιέναι δὲ μηδὲ Μεγαλοπολιτῶν τοὺς μετὰ Πολυαίνετον ἐπὶ προδοσίᾳ φεύγοντας —*". Von einer anderen *προδοσία* der Megalopoliten gegen Makedonien, ausser dem Abfalle beim Beginne des Lamischen Krieges, lässt sich nichts nachweisen.

Auch vermutet Droysen, II¹ S. 55, dass die Arkadier nicht ausgerückt seien zum Kriegsschauplatze, vielleicht unter dem Vorwande, dass Korinth ihnen den Weg sperre, weil Korinth von Philipps Zeiten her makedonische Besatzung hatte. Vergl. auch meine Anm. 42.

46) Vit. X. Or. p. 846. d: „*ὃς ἦν ἀνεψιὸς αὐτῷ*". — Plut. Demosth. 27. — Athen. XIII, p. 593 f. —

47) Plut. Demosth. 27. — Luc. Encom. Demosth. 31. —

48) Ich glaubte die Rückkehr des Demosthenes nach Athen im Zusammenhange mit der rührigen und wirksamen Agitation des grossen Redners für die Koalition erzählen zu müssen. Ich weiss recht wohl, dass ich damit den Ereignissen des Krieges voraus eilte; ich weiss auch

wohl, dass über den Zeitpunkt der Rückkehr grosser Streit entstanden ist, und verkenne auch die Schwierigkeiten nicht, welche sich der Festsetzung dieses Zeitpunktes entgegenstellen.

Droysen (II¹ S. 61.) erzählt die Rückkehr des Demosthenes nach der Darstellung des Todes und der Bestattung des Leosthenes und der Wahl des Antiphilus zum Feldherrn, indem er allein als Auktorität Diodor zulässt, der XVIII, 13 bei dem Bericht von der Leichenfeier des gefallenen Leosthenes sagt, das Volk habe die Leichenrede dem Hyperides übertragen, welcher durch seine Beredsamkeit und durch seinen Hass gegen die Makedonier den Vorzug unter den Rednern gehabt habe, weil Demosthenes, der Hauptredner der Athener, in der Verbannung gewesen sei. „κατ' ἐκεῖνον γὰρ τὸν καιρὸν ὁ μὲν κορυφαῖος τῶν Ἀθήνησι ῥητόρων Δημοσθένης ἐπεφεύγει, καταδεδικασμένος ὡς εἰληφὼς τῶν Ἁρπαλείων χρημάτων." —

Zunächst möchte ich aus der Äusserung Vit. X. Or. p. 849. a. b. „ἔφυγεν ἐκ τῆς πόλεως εἰς Αἴγιναν . . . . καὶ συμβαλὼν Δημοσθένει καὶ περὶ τῆς διαφορᾶς ἀπολογησάμενος, ἀπαλλαγεὶς ἐκεῖθεν κτλ", nicht den Schluss ziehen, dass sich Hyperides und Demosthenes erst nach dem unglücklichen Ausgange des Krieges nach dem Falle Athens und nach ihrer Flucht ausgesöhnt hätten. Dagegen spricht Justin. XIII, 5.: „qui ut missum ab Atheniensibus Hyperidem legatum cognovit, qui Peloponnenses civitates in societatem armorum sollicitaret, secutus eum etc."; dagegen spricht auch Plut. Demosth. 28, der die Flucht und Ergreifung des Hyperides erzählt, ohne des Demosthenes und einer erst damals erfolgten Versöhnung Erwähnung zu thun. Ich bin der Ansicht, dass Demosthenes und Hyperides sogleich zu Beginn ihrer Rundreise durch den Peloponnes sich verständigten und aussöhnten, dass Demosthenes sodann allein nach Arkadien ging, während Hyperides nach Athen zurückkehrte, und dass daselbst dann bald von der Volksversammlung der Beschluss gefasst wurde, den Demosthenes zurückzurufen. Ehe diese Nachricht zu dem umherreisenden Demosthenes gelangte, wird wohl eine geraume Zeit vergangen sein, und es ist auch sehr fraglich, ob Demosthenes sogleich nach Empfang der Botschaft nach Athen abreiste. Vielleicht brachten die Boten neue Aufträge für den gewaltigen Redner, und dieser fühlte sich in seinem patriotischen Gewissen jedenfalls noch mehr als vorher verpflichtet, für des Vaterlandes Befreiung nach besten Kräften zu wirken. Und dazu gab es im Peloponnes genug zu thun; es musste vor allen Dingen verhindert werden, dass die makedonischen Abgesandten in Vereinigung mit den aus Athen vertriebenen Kreaturen eine thätig eingreifende Koalition gegen den neuen Freiheitsbund zu stande brachten. Wenn sich die allerdings stark angezweifelte Ächtheit der Demosthenischen Briefe, besonders 5 u. 6, nachweisen liesse, dann würde kein Zweifel mehr bleiben, dass Demosthenes noch während seiner Abwesenheit von Athen genau über die Lage der Dinge auf dem Kriegsschauplatze sowohl, wie in Athen unterrichtet war, dass er mit der Leitung der Bundespolitik Fühlung hatte, dass er noch nicht nach Athen zurückgekehrt war, als Leosthenes bestattet, und Antiphilus an seine Stelle getreten war. Aber auch abgesehen von diesen Briefen wird man doch wohl nicht fehl gehen, wenn man annimmt, dass Demosthenes nach der Kenntnisnahme von dem ehrenvollen Beschluss seiner Rückberufung noch eifriger im Peloponnes für die Koalition agitiert habe. Sollte nicht Elis von Demosthenes allein gewonnen sein? Nach Paus. V, 21, 3. hatte Hyperides in der 112. Olympiade bei einer Gesandtschaft in Elis nichts ausgerichtet, und es war infolge dessen zu einer Spannung zwischen Athen und Elis gekommen. Von Elis ging Demosthenes vielleicht nach Messenien, suchte dann vielleicht auch Sparta für die Sache der Freiheit zu gewinnen und kehrte wohl endlich nach Trözen zurück, um hier noch die Akte, die Bewohner der argolischen Küste von Trözen bis Epidaurus, für den Bund zu gewinnen. Die Akte nennt Diodor in seinem Bundesgenossen-Kataloge an letzter Stelle. Diod. XVIII, 11: „τελευταῖοι δὲ [συνελάβοντο τοῦ πολέμου] τῶν Πελοποννησίων Ἀργεῖοι, Σικυώνιοι, Ἠλεῖοι, Μεσσήνιοι καὶ οἱ τὴν Ἀκτὴν κατοικοῦντες".

Diodor scheint die Bundesgenossen nach der Zeit ihres Beitrittes geordnet zu haben. Er beginnt seine Aufzählung mit den Worten: „Αἰτωλοὶ μὲν οὖν ἅπαντες πρῶτοι συνέθεντο τὴν συμμαχίαν" — und fährt nach der Aufzählung einer Reihe von Bundesgenossen fort: „ἑξῆς δὲ συνελάβοντο τοῦ πολέμου . . ." und schliesst: τελευταῖοι δὲ τῶν Πελοποννησίων . . . καὶ οἱ τὴν Ἀκτὴν κατοικοῦντες". Die Akte war also wohl zuletzt der Koalition beigetreten und jedenfalls von Demosthenes gewonnen. Denn hier hatte der grosse Redner in seiner Verbannung gelebt und war bei den Bewohnern jedenfalls angesehen und einflussreich. Von der Akte ging Demosthenes nach Ägina, woselbst ihn die athenische Triere abholte. Plut. Demosth. 27. Das war aber zu einem Zeitpunkte, als die Leichenfeier im Kerameikos für Leosthenes schon abgehalten war. Hyperides hatte dem Gefallenen die Leichenrede gehalten. Diese würde sicher dem Demosthenes, dem „κορυφαῖος" der athenischen Redner, übertragen sein, wenn er schon in Athen gewesen wäre, zumal wenn der glänzende Empfang, den ihm das Volk in seiner Gesamtheit bereitet, wenn seine vollständige Rehabilitierung im Staate und bei seinen Mitbürgern vorher stattgefunden hätte. Da kann man doch nicht behaupten, dass er nicht sogleich in seine frühere Stelle (des Ansehens und Einflusses bei seinen Mitbürgern) wieder hätte eintreten können. (Granert S. 255.)

Wenn in der angedeuteten Weise gefolgert wird, dann hat vor allen Dingen Diodor recht; denn Demosthenes war dann bei der Leichenfeier thatsächlich noch nicht aus der Verbannung zurückgekehrt. Auch Justin. XIII, 5 widerstreitet dieser Darstellung nicht. Er erzählt die Verbannung des Demosthenes, seinen Anschluss an Hyperides, seine Agitation für die

Sache der Freiheit und führt dann fort: „Ob quod factum missa ab Atheniensibus obviam nave ab exsilio revocatur. Interim in obsidione Antipatri Leosthenes, dux Atheniensium, occiditur." Das Interim scheint sogar auf die Gleichzeitigkeit des Todes des Leosthenes mit den vorher erzählten Begebenheiten hinzuweisen. — Auch Plut. Demosth. 27 macht den oben vermuteten Gang der Ereignisse wahrscheinlich. Cap. 26 erzählt die Verurteilung, Flucht und das Exil des Demosthenes. Cap. 27 beginnt: „Aber noch während Demosthenes infolge seiner oben erzählten Flucht in der Verbannung lebte, starb Alexander. Die griechischen Staaten vereinigten sich abermals, da Leosthenes sich als tapferen Feldherrn bewährte, ja sogar den Antipater in Lamia einschloss und belagert hielt." Dann wird die Flucht der makedonisch gesinnten Redner berichtet, der Anschluss des Demosthenes an die athenische Gesandtschaft, der Auftritt im κοινόν der Arkadier, der Antrag des Demon, der Volksbeschluss, die glorreiche Rückkehr selbst, die Umgehung des Gesetzes behufs Befreiung des Demosthenes von der Geldstrafe. Plut. erzählt sodann Cap. 28: „Indessen war es nach seiner Rückkehr nur eine kurze Zeit, in welcher er der Heimat noch geniessen durfte. Die griechischen Angelegenheiten nahmen bald eine so unheilvolle Wendung, dass im Monat Metagoitnion die Schlacht von Kranon vorfiel, im Boëdromion die feindliche Besatzung in Munychia einrückte, im Pyanepsion Demosthenes selbst sein Ende fand. Letzteres geschah auf folgende Weise u. s. w." — Wenn der Fall des Leosthenes, dessen Tod nach Pausanias „alle entmutigte und nicht wenig Unglück zur Folge hatte", wenn ferner die glänzenden und letzten Ehren, die man dem tapfern Feldherrn in Athen erwies, in die Zeit nach der Rückkehr des Demosthenes nach Athen gefallen wären, dann würde sich davon doch wohl eine Erwähnung finden bei Plut. Demosthenes. Sollte beides nicht ebenso vor der Erzählung vom Tode des Demosthenes in Kürze rekapituliert sein, wie die Schlacht von Kranon, das Einrücken der feindlichen Besatzung? Die beiden letzteren Ereignisse, sowie auch das Ende des Demosthenes erwähnt Plutarch sogar mit Angabe des Monats. — Dass der Verfasser der Vit. X. Or. die Einschliessung des Antipater in Lamia nach der Rückkehr des Demosthenes berichtet, kann nicht ins Gewicht fallen, um so weniger, als diese Einschliessung nur beiläufig angeführt wird, offenbar, um eine angebliche Äusserung des Demosthenes anzubringen, betreffend das Stadium und den Dolichus des Krieges (s. o. S. 13 und Anm. 32.) cf. Vit. X. Or. p. 846. c. d. Der Umstand, dass dieselbe Äusserung von Plutarch (Phoc. 23) ganz bestimmt dem Phokion zugeschrieben wird, dessen Charakter und persönlichem Verhalten sie auch ganz genau entspricht, der fernere Umstand, dass die Darstellung der Verurteilung, Flucht und Rückkunft des Demosthenes auch sonst erhebliche Abweichungen von dem Bericht anderer Autoren enthält, machen es uns unmöglich, den Genit. absol. „Ἀντιπάτρου δὲ εἰς Λαμίαν ὑπὸ τῶν Ἑλλήνων συγκλεισθέντος" in dieser Verbindung als entscheidend für die Rückkunft des Demosthenes anzunehmen.

49) Diod. XVIII, 9. —

50) So verstehe ich Diod. XVIII, 11: „μετὰ δὲ τούτοις (Αἰτωλοὺς) Θετταλοὶ μὲν πάντες πλὴν Πελινναίων." —

51) Droysen II¹ S. 50. Anm. 1: „Über eine an die Phokier geschickte Gesandtschaft wird, wie aus dem Fragment der Inschrift C. J. A. II, n°. 182 noch zu erkennen ist, am 18. Pyanepsion des Archon Kephisodoros, d. i. etwa am 27. Oktober, verhandelt, ob da erst wegen des Abschlusses eines Bündnisses, erhellt aus den Resten der Inschrift nicht mehr." Die Symmachie mit den Phokiern war schon durch Leosthenes geschlossen. (s. o. S. 12.) Die bezügliche Gesandtschaft regelte vielleicht Fragen in Betreff der Gestaltung des Synedrions.

52) Auch diese nördlichen Völkerschaften scheinen von Leosthenes gewonnen zu sein. cf. Diod. XVIII. 9: „ὁ μὲν Λεωσθένης διαπεμπόμενος πρὸς τοὺς Λοκροὺς καὶ Φωκεῖς καὶ τοὺς ἄλλους τοὺς πλησιοχώρους παρεκάλει τῆς αὐτονομίας ἀντέχεσθαι καὶ τῆς τῶν Μακεδόνων δεσποτείας ἐλευθερῶσαι τὴν Ἑλλάδα." Über die Molosser cf. Diod. XVIII, 11: „οὗτος [Ἀρυπταῖος] δ᾽ὕπουλον συμμαχίαν συνθέμενος ὕστερον διὰ προδοσίας συνήργησε τοῖς Μακεδόσιν." Der Verrat erfolgte nach Droysen (II¹ 64) im 2. Monat 322, als Leonnatus dem Antipater zu Hülfe kam.

Die Halbhellenen verfolgten mit ihrer Teilnahme jedenfalls sehr selbstsüchtige Interessen. In betreff der Molosser ist es nicht unwahrscheinlich, dass sie Ambrakia, welches sie nach dem peloponnesischen Kriege erobert und zu ihrer Hauptstadt gemacht hatten, welches ihnen aber von Philipp entrissen und mit einer makedonischen Besatzung belegt war, wiederzugewinnen hofften durch ihre Teilnahme am Lamischen Kriege. Die Ambrakier hatten, wie oben (Note 2.) erwähnt, nach dem Tode Philipps 336 die Besatzung vertrieben und waren von Alexander als autonome Demokratie anerkannt worden (Diod. XVII, 4); sie standen jetzt wohl auf makedonischer Seite.

53) So ist wohl zu deuten Paus. I, 25, 4: im Bundesgenossen-Kataloge: „Ἀκαρνᾶνες ἐς τὸ Αἰτωλικὸν συντελοῦντες." — Diod. XVIII, 11, zählt die Akarnanen im allgemeinen nicht auf, wohl aber die Alyzäer und Loukadier.

54) Verzeichnisse der Bundesgenossen finden sich bei Diodor XVIII, 11 und Pausanias I, 25. 4. — Die Phliasier nennt Diodor nicht. Die Dorier nennt Pausanias nicht. — Pausanias sagt allgemein: Θεσσαλοί. Diodor zählt die einzelnen thessalischen Völkerschaften auf. In betreff der Akarnanen siehe Note 53. — Die Arkadier nach Vit. X. Or. p. 846. c. cf. Note 45. — Kephallonia ist deutlich entziffert aus den Resten einer Inschrift: C. J. A. II, n°. 184, die ein Verzeichnis der Bundesgenossen mit Angabe der Zahl ihrer Stimmen im Synedrion enthalten zu haben scheint. Droysen II¹ S. 56, Anm. 2. —

55) Diod. XVII, 73. — Plut. Apopth. Lac. 51. — Aeschin. Adv. Ctesiph. § 133. —

56) Bei Chäronea waren die Achäer unter den Bundesgenossen Athens. cf. Demosth. De Cor. p. 306. Winiewski, Comment. in Demosth. Or. de Cor. p. 252 ff. Bei Megalopolis hatten die Achäer empfindliche Verluste erlitten. cf. Aeschin. Adv. Ctesiph. p. 552 ff. Reiske. Dinarch. In Demosth. p. 27. Reiske u. a. Vgl. Grauert S. 245 f. —

57) Diod. XVIII, 11. —

58) Paus. I, 25. 4. — Plut. Phoc. 23. —

59) [Demosth.] epist. 5. p. 648 ed. Becker. C. J. A. II, n⁰. 249. C. J. A. II, n⁰. 184. Vgl. Droysen II¹ S. 56. Anm. 2.

60) Paus. I, 25. 4. —

61) Diod. XVIII, 9. —

62) Diod. XVIII, 11. —

63) Hyperid. Epitaph. o. b.: „τοὺς πρώτους ἀντιταξάμενος τῇ τῶν Ἑλλήνων ἐλευθερίᾳ Βοιωτοὺς καὶ Μακεδόνας καὶ Εὐβοέας καὶ τοὺς ἄλλους συμμάχους αὐτῶν ἐνίκησε μαχόμενος ἐν Βοιωτίᾳ." — Paus. I, 25, 4. — I, 1, 3. —

64) Justin. XIII, 5. — Diod. XVIII, 11. — Paus. I, 1, 3. Plut. Phoc. 23. —

65) Diod. XVIII, 11. — Paus. I, 1, 3. —

66) Diod. XVIII, 12. —

67) Justin. XII, 12 „.... ut undecim millia veteranorum exauctoraret. .... Dimissis his Craterus praeponitur, jussus praeesse Macedonibus in Antipatri locum; Antipatrumque cum supplemento tironum in locum ejus evocat." — Bei Diod. XVIII, 12, findet sich die Angabe: ὑπὲρ τρὶς μυρίους. Wesseling korrigiert das τρὶς in τοὺς. Dass diese Korrektur berechtigt ist, ergiebt sich aus Diod. XVIII, 16, wo es heisst: „ἧγε δὲ πεζοὺς μὲν τῶν εἰς Ἀσίαν Ἀλεξάνδρῳ συνδιαβεβηκότων ἑξακισχιλίους, τῶν δὲ ἐν παρόδῳ προσειλημμένων τετταρακισχιλίους, Πέρσας δὲ τοξότας καὶ σφενδονήτας χιλίους, ἱππεῖς δὲ χιλίους καὶ πεντακοσίους." Arrian XII, 1 „... ἀπήεσαν τῶν Μακεδόνων, ὅσα διὰ γῆρας ἤ τινα ἄλλην ξυμφορὰν ἀπόλεμοι ἦσαν. καὶ οὗτοι αὐτῷ ἐγένοντο ἐς τοὺς μυρίους."

68) Dexipp. apud Phot. p. 64. —

69) Diod. XVIII, 12: „πρὸς μὲν Κρατερὸν εἰς Κιλικίαν διεπέμπετο παρακαλῶν τὴν ταχίστην βοηθῆσαι." —

70) Diod. XVIII, 12. —

71) Dass Antipater diesen Pass, und nicht denjenigen über die olympischen Höhen benutzte, geht hervor aus Diod. XVIII, 12: „συμπαραπλέοντος αὐτῷ τοῦ στόλου παντὸς ὃν κτλ."

72) Diod. XVIII, 12. —

73) Meno, nach Leosthenes der ausgezeichnetste General in diesem Kriege, stammte aus einem der edelsten Geschlechter Thessaliens. Seine Tochter Phthia war vermählt mit Aeakides, dem Könige von Epirus; ein Sohn dieser Ehe war Pyrrhus. Plut. Pyrrh. p. 383. Phoc. p. 753 a.

74) Diod. XVIII, 12: „ὑπὸ τῶν Ἀθηναίων μεταπεισθέντες." —
75) Diod. XVIII, 12. —
76) Vom Einrücken Antipators in Thessalien bis zu seiner Verschanzung in Lamia scheint mir der Gang der Ereignisse, so wie ich ihn dargestellt, am wahrscheinlichsten zu sein. Die Quellen geben hier nur kurze und zum Teil widersprechende Notizen. Am ausführlichsten, und doch recht lückenhaft und oberflächlich, ist auch hier Diodor. Er berichtet XVIII, 12. den Aufbruch Antipaters mit Heer und Flotte aus Makedonien, den Anschluss der thessalischen Reiter an Antipater, (Meno wird hier von Diodor nicht genannt, wohl c. 15. cf. Plut. Phoc. 23.) die Umstimmung Thessaliens durch die Athener, den Übertritt der Reiter zum Bundesheere, den Sieg der Griechen, gewonnen durch Leosthenes, den Rückzug Antipaters nach Lamia, und seine Verschanzung daselbst. Das Rencontre Antipaters mit den thessalischen Reitern findet sich bei Polyän. Στρατηγήματα lib. IV, 4. Den Ort, wo die Schlacht geschlagen wurde, giebt Diodor nicht an; es ist das eine von seinen vielen topographischen Nachlässigkeiten. Auch bei anderen Autoren findet sich der Ort des Kampfes nicht angegeben. Nur Paus. I, 1. 3 sagt, dass der Kampf ἔξω Θερμοπυλῶν vorfiel. „Μακεδόνας ἔντε Βοιωτοῖς ἐκράτησε μάχῃ καὶ αὖθις ἔξω Θερμοπυλῶν καὶ βιασάμενος ἐς Λαμίαν κατέκλεισεν κτλ."
— Justin. XIII, 5 sagt, dass sich Antipater nach dieser Schlacht in Heraklea verschanzt habe. Alle übrigen Autoren (Diod. XVIII, 12. Paus. I, 1. 3, Plut. Phoc. 23. Demosth. 27. Vit. X. Or. p. 846. d.) geben aber als Ort der Verschanzung das feste Lamia an, woher der ganze Krieg den Namen „des Lamischen" bekommen hat. Auch Trogus Pompejus selbst hatte diesen Krieg „bellum Lamiacum" genannt, wie aus dem Prolog zu lib. XIII hervorgeht. Dübner, der sorgfältige Herausgeber Justins, vermutet deshalb, dass Justin den Ort der Schlacht mit dem der Verschanzung verwechselt habe. Die Schlacht wäre dann bei dem Trachinischen Heraklea geschlagen, und diese Vermutung glaube ich durch meine Darstellung noch wahrscheinlicher gemacht zu haben.

77) Über die Lage von Lamia cf. Strabo IX p. 434.
C. J. Gr. I, n⁰. 1776.
C. J. L. III, n⁰. 586. —
78) Diod. XVIII, 12 u. 13. —
79) Diod. XVIII, 12. —
80) Diodor (XVIII, 13) erwähnt in der Darstellung der Belagerung diese Friedensunterhandlungen nicht. Cap. 18, wo er die Friedensanträge der Athener, durch Demades und Phokion an Antipater überbracht, erzählt, heisst es in der Antwort des Statthalters, dass er nur unter der Bedingung mit den Athenern Frieden schliessen werde, dass sie ihm die Verfügung über ihre Angelegenheiten vollständig überliessen; dann: „καὶ γὰρ ἐκείνους συγκλείσαντας εἰς Λαμίαν τὸν Ἀντίπατριν τὰς αὐτὰς ἀποκρίσεις πεποιῆσθαι πρεσβεύσαντος αὐτοῦ περὶ τῆς εἰρήνης."

In demselben Zusammenhange thut Plutarch der von Leosthenes gestellten Friedensbedingung Erwähnung. cf. Plut. Phoc. c. 26. Beide Autoren scheinen in der Darstellung dieser Begebenheiten derselben Quelle gefolgt zu sein. —

Es liegt auf der Hand, dass Antipater nur in der äussersten Bedrängnis Frieden anbot. Zudem ergiebt sich aus Plut. Phoc. 26, dass die Friedensunterhandlungen noch mit Leosthenes gepflogen sind. Kurze Zeit jedoch nach den oben erzählten Ereignissen fiel Leosthenes. Aus allem diesem geht hervor, dass die Friedensanträge an obiger Stelle erzählt werden müssen.

81) Über den Grund, welcher die Ätolier zum Abzuge veranlasste, sind die mannigfaltigsten Vermutungen aufgestellt. Dass sie von Antipater durch Bestechung zum Abzuge bewogen seien, ist nicht anzunehmen, weil sie im Kriegszustande mit Makedonien verblieben. Droysen (II[1], 58,) glaubt, dass sie nach Hause gezogen seien, um die Neuwahl des Strategen vorzunehmen. Es läset sich nicht wohl annehmen, dass zu diesem Zwecke, wenn sonst nichts vorgefallen war, die ganze ätolische Mannschaft in einem so wichtigen Momente nach Hause zurückgekehrt sei. Möglich ist es immerhin, dass sie mit den Athenern in Streit geraten waren, und dass sie nun religiöse oder politische Funktionen, welche ihre Anwesenheit in der Heimat erforderten, vorschützten und das Bundesheer verliessen. Am meisten scheint mir die Vermutung von Lukas: „Über Polybios' Darstellung des ätolischen Bundes" S. 64 für sich zu haben: „Wahrscheinlich hatten die Akarnanen, Ambrakier, Amphilochier die Abwesenheit der ihnen feindlichen Ätolier zu einem Einfall in Ätolien benutzt." Diese Vermutung steht nicht im Widerspruche mit Diod. XVIII, 13, wenn man „χρεῖαι" mit „Kriegsvorfälle" übersetzt. In dieser Bedeutung steht „χρεῖαι" bei Polybius häufiger. „διά τινας ἐθνικὰς χρείας" würde dann heissen: „wegen gewisser Kriegsvorfälle in ihrer Heimat oder innerhalb ihres Stammes." —

82) Diod. XVIII, 13, — Justin. XIII, 5. —

83) Diod. XVIII, 13. —

84) Paus. I, 25, 4. —

85) Paus. III, 6, 1. —

86) Hieron. adv. Jovin. I. p. 35. ed. Francof. 1684. — cf. Grauert S. 259. Anm. 10. —

87) Paus. I, 29.

88) Dieses Bruchstück des ἐπιτάφιος, welches ich nach der Übersetzung von Grauert S. 260 u. 261 eingefügt habe, ist erhalten bei Stobaeus Serm. CXXIII, p. 618. Ein Fragment des ἐπιτάφιος in einem ägyptischen Papyros, 1856 gefunden, macht es unzweifelhaft, dass diese Stelle ein. Bruchstück der Leichenrede für Leosthenes ist.

89) Plutarch (Phoc. 24.) ist der einzige, der uns diese List der Athener erzählt. —

90) Justin. XIII, 5: „Quae res tantum animorum Antipatro dedit, ut etiam vallum rescindere auderet."
91) Diod. XVIII, 14. —
92) Plut. Eum. 3. —
93) Plut. Eum. 4. —
94) Diod. XVIII, 15. —
95) Diod. XVIII, 15. —
96) Diod. XVIII, 15: „οἱ γὰρ Αἰτωλοὶ πάντες προαπηλλαχότες ἦσαν εἰς τὴν οἰκείαν καὶ τῶν ἄλλων Ἑλλήνων οὐκ ὀλίγοι κατ' ἐκεῖνον τὸν καιρὸν ὑπῆρχον εἰς τὰς πατρίδας κεχωρισμένοι."
97) Der Gang des Gefechtes ist dargestellt nach Diod. XVIII, 15. Aus Diodor ergiebt sich unzweifelhaft, dass die Vereinigung Antipaters mit dem Hülfsheere erst nach der Schlacht erfolgte, während Plut. Phoc. 25 sagt, dass das griechische Heer in Thessalien eine siegreiche Schlacht geliefert habe, nachdem Leonnatus und die aus Asien zurückgekommenen Makedonier sich mit Antipater vereinigt hätten. (συμμίξαντος Ἀντιπάτρῳ Λεοννάτῳ.) Auch Justin. XIII, 5 und Paus. VII, 6 erwähnen die Schlacht. — Was den Ort angeht, an dem die Schlacht geschlagen wurde, so lässt uns Diodor auch hier wieder im stich; er beschreibt die Beschaffenheit des Gefechtsterrains ziemlich genau und erzählt eingangs cap. 15, dass die Griechen das Kriegsmaterial und die kampfunfähigen Krieger nach Melitcia schickten und dass sie dann „εὔζωνοι καὶ πρὸς μάχην ὄντες ἕτοιμοι" dem Leonnatus entgegengegangen seien, ehe dieser zu Antipater stiesse, und die beiden Heere auf einem Punkte ständen. Leonnatus rückte aus dem nördlichen Thessalien jedenfalls auf dem nächsten Wege nach Lamia, um den Antipater möglichst bald zu entsetzen. Der nächste Weg aber führt über Larissa und Pharsalus. Von Pharsalus führt nach Lamia eine Strasse über Meliteia, die andere über Proerna, Thaumaci, an dem See Xynias vorbei. Vielleicht hatte Leonnatus den letzteren Weg gewählt, um das feste Meliteia zu umgehen. Hierhin also schickten die Griechen auf dem östlichen Wege ihre Bagage und die Kampfunfähigen, auf dem westlichen Wege zogen sie wohl dem Leonnatus entgegen, und das Gefecht wäre dann wohl in der allerdings von Höhenzügen umschlossenen Ebene östlich vom Xynias-See vorgefallen. Diese Annahme scheint sich auch am besten mit den bei Diodor erzählten Vorgängen nach der Schlacht in Einklang bringen zu lassen. Hier konnte Antipater schon am Tage nach der Schlacht eintreffen, da Xyniae nur etwa 3 Meilen von Lamia entfernt liegt. Die Griechen zogen vom Schlachtfelde ab, wahrscheinlich auf Meliteia zu, um nicht von ihrer Bagage abgeschnitten zu werden. Von Xyniae führen Höhenzüge in nordwestlicher Richtung zum obern Peneus. Diodor (c. 15.) erzählt nun, dass Antipater, nachdem er die Streitmacht des gefallenen Leonnatus an sich gezogen, aus Furcht vor der starken Reiterei des Feindes seinen Rückzug nicht durch die Ebene, sondern durch Schluchten genommen habe, deren Höhen er vorher besetzte. Auf solche Weise konnte er durch den oben bezeich-

noten Gebirgszug nach Pelinnäum im Gebiete des oberen Peneus gelangen, welches dem makedonischen Bündnisse treu geblieben war. —

98) Justin. XIII, 5. „Antipater, tametsi sua auxilia videret victa, tamen morte Leonnati laetatus est; quippe et aemulum sublatum et vires ejus accessisse sibi gratulabantur."

99) Diod. XVIII, 15. — Justins Darstellung der Vorgänge ist ungenau, unvollständig und zum Teil offenbar unrichtig. XIII, 5: „statim igitur exercitu ejus recepto, quum par hostibus etiam proelio videretur, solutus obsidione in Macedoniam concessit. Graecorum quoque copiae finibus Graeciae hoste pulso in urbes dilapsae." Damit schliesst cap. 5. Im folgenden cap. lässt Justin den Antipater und Kraterus mit den Griechen Frieden schliessen, um sie desto schneller in den Krieg mit dem Reichsverweser Perdikkas verwickeln zu können. „Antigono Craterus et Antipater auxilium ferebant, qui facta cum Atheniensibus pace Polysperchonta Graeciae et Macedoniae praeponunt." Justin erzählt also die Hauptschlacht bei Kranon gar nicht und erwähnt überhaupt nichts von dem unglücklichen Ausgange des Krieges für die Griechen. Unter diesen Verhältnissen ist auch wohl die Angabe, dass Antipater nach der Vereinigung mit dem Heere des gefallenen Leonnatus nach Makedonien gezogen sei, nicht genau und wörtlich zu nehmen. — Diod. XVIII, 15 sagt in Bezug auf die Örtlichkeiten wieder sehr unbestimmt: „ἀπεχώρησεν ἐκ τούτων τῶν τόπων. Ἀντίφιλος δὲ ὁ τῶν Ἑλλήνων στρατηγὸς ἐπιφανεῖ μάχῃ νικήσας τοὺς Μακεδόνας ἐφήδρευε περὶ Θετταλίαν διατρίβων καὶ καραδοκῶν τὴν τῶν πολεμίων ὁρμήν." —

100) Aus Justin. XIII, 5 ergiebt sich, dass schon Alexander auf die Nachricht von den unruhigen Bewegungen, welche das Verbanntendekret in Griechenland hervorgerufen, die Ausrüstung einer beträchtlichen Seemacht (mille naves longas (!) sociis imperari praeceperat) durch die seetüchtigen Bundesgenossen befohlen hatte. — Nach Justin. XII, 12, 8, befand sich der weisse Klitus unter den Veteranen, die Kraterus zurückführte. Als Alexander starb, war Kraterus bis Kilikien gekommen. Hier traf ihn auch die Botschaft des Antipater und der Auftrag des Perdikkas, die Prostasie des makedonischen Königtums zu übernehmen. Um dem Antipater desto wirksamere Hülfe zu bringen, um den gefährlichen hellenischen Aufstand um so schneller und besser unterdrücken zu können, beauftragte Kraterus vielleicht den Klitus, die von den Bundesgenossen auf den Befehl Alexanders ausgerüstete Seemacht zusammenzuziehen und der makedonischen Flotte zuzuführen. Solches geschah vermutlich noch in Kilikien.

Die makedonische Flotte betrug bei Beginn des Krieges — nach Diod. XVIII, 12 — 110 Trieren. Diese Schiffe waren kurz vor dem Aufbruche Antipaters nach Makedonien gekommen zur Bedeckung eines grossen Geldtransportes aus den königlichen Schätzen zu Babylon. Diod. XVIII, 12.

Wenn Klitus bei den Veteranen war, konnte er mit diesen Schiffen nicht angekommen sein. Diod. nennt auch XVIII, 12 keinen Nauarchen;

erst XVIII, 15 nennt er den Klitus; es heisst an letzterer Stelle: „τῶν δὲ Μακεδόνων θαλαττοκρατούντων οἱ Ἀθηναῖοι πρὸς ταῖς ὑπαρχούσαις ναυσὶν ἄλλας κατεσκεύασαν, ὥστε γενέσθαι τὰς πάσας ἑκατὸν ἑβδομήκοντα . τῶν δὲ Μακεδονικῶν οὐσῶν νεῶν διακοσίων καὶ τετταράκοντα, τὴν ναυαρχίαν εἶχε Κλεῖτος." Wenn Klitus mit den 110 Schiffen sein Geschwader von 130 Schiffen vereinigte, dann war es nicht mehr als billig, dass in seine Hände der Oberbefehl über die ganze Flotte gelegt wurde.

101) Diod. XVIII, 15. — C. J. A. II, nº. 270. Vergl. auch Diod. XVIII, 10 und das Psephisma S. 131 —

102) Diod. XVIII, 8. —

103) [Plut.] de fort. Alex. II, 5. —

104) Plut. Demetr. 11. rei publ. ger. 3. Vergl. auch Droysen II¹ S. 68. —

105) Plut. Phoc. 24. —

106) Plut. Phoc. 26. —

107) Boekh, Seeurkunden S. 567. —

108) Über die Echinadischen Inseln cf. Strabo IX p. 433. 435. Liv. XXXII, 33. XXXIV, 23. Pomp. Mela II.

Die beiden Niederlagen der Athener bei den Echinadischen Inseln berichtet Diod. XVIII, 15. — Wie aus meiner Darstellung hervorgeht, scheint es mir nicht nötig zu sein, dem Diodor in Bezug auf seine dürftigen Nachrichten über den Seekrieg topographische Konfusion oder Nachlässigkeit in der Angabe der beiderseitigen Streitmächte vorzuwerfen, wie dieses von Grauert S. 267 ff., A. Schäfer III, S. 348 Anm. 2 und von vielen anderen geschieht. — Auch die Nachricht Diodors, dass die Athener bei den Echinadischen Inseln in zwei Seetreffen geschlagen seien, braucht nicht auf die Flüchtigkeit des Autors oder auf eine Lücke im Text zurückgeführt zu werden. Dass die Athener schon vor dem Zuge beider Flotten ins jonische Meer in einer Seeschlacht unterlegen waren, darf man vielleicht aus dem τῶν δὲ Μακεδόνων θαλαττοκρατούντων Diodors folgern.

In der Anordnung der in den Quellen (Diod. u. Plut.) zerstreuten dürftigen Notizen über den Seekrieg bin ich im ganzen Droysen gefolgt. II¹. S. 66 ff. Doch weicht meine Darstellung, wie leicht ersichtlich, in wesentlichen Punkten von der Darstellung Droysens ab. Vergl. auch Anm. 100! —

109) Droysen II¹, S. 71. —

110) cf. S. 22 u. Anm. 67! —

111) Diod. XVIII, 16. —

112) Diod. XVIII, 13, 14, 15, 17. Plut. Phoc. 25. Justin. XIII, 5. —

113) Diod. XVIII, 15. Vergl. auch S. 31! —

114) Plut. Phoc. 26 sagt geradezu, dass sich das Bundesheer schliesslich aufgelöst und aufs Schmählichste die Freiheit von Hellas aufgegeben habe „ἀπειθείᾳ πρὸς τοὺς ἄρχοντας, ἐπιεικεῖς καὶ νέους ὄντας."

115) Diod. XVIII, 17: „τῶν δὲ καιρῶν κατεπειγόντων ἠναγκάζοντο συγκαταβείνειν εἰς τὸν ὑπὲρ τῶν ὅλων κίνδυνον."

116) Der Gang des Gefechtes ist dargestellt im engsten Anschluss an Diod. XVIII, 17. Den Ort der Schlacht giebt Diodor nicht an trotz seiner ziemlich genauen Kennzeichnung des Terrains. Kranon als Ort der Schlacht findet sich bei Plut. Phoc. 26. Demosth. 28. Camill. 19. Paus. X, 3. — Vit. X. Or. p. 849. —

Unbestimmt sagt Polyb. IX, 29: „ἡ περὶ Λαμίαν μάχη." — Kranon lag nach Galen. Epidem. I, p. 350 ed. Basil. 1538: „ἐν κοίλῳ καὶ μεσεμβρινῷ χωρίῳ." —

Das genaue Datum der Schlacht bei Plut. Camill. 19. Bei Diodor fehlt die Angabe des Datums; er begnügt sich auch hier mit allgemeinen Formeln; nachdem er den Feldzug des Perdikkas gegen Ariarathes von Kappadokien erzählt hat, leitet er den Aufbruch des Kraterus aus Kilikien ein mit: „ὑπὸ δέ τινας αὐτοὺς καιρούς." Und als er die Ankunft des Kraterus in Thessalien und seine Vereinigung mit Antipater erzählt, beginnt er cap. 17, in welchem die Schlacht dargestellt wird: „Οἱ δὲ Ἕλληνες κατὰ τοῦτον τὸν καιρὸν κτλ." —

Die Verluste sind angegeben nach Diod. XVIII, 17. Paus. VII, 10, 5 giebt als Verlust der Griechen 200 Mann an mit dem ausdrücklichen Zusatze: „καὶ οὐ πλέον τι." Wahrscheinlich meint Paus. hier nur die Verluste der Athener, weil er an dieser Stelle ausschliesslich von den Athenern spricht. Das ἐν Λαμίᾳ das Paus. VII, 10, 5 und I, 8, 4 steht wohl allgemein für ἐν τῷ Λαμιακῷ πολέμῳ; es kann damit aber VII, 10, 5 nur die Schlacht von Kranon gemeint sein.

117) Diod. XVIII, 17. —

118) Pharsalus allein wird genannt in Vit. X. Or. p. 846. d. — Zu dem Folgenden cf. Diod. XVIII, 17. — Was das fernere Schicksal des tapferen Reiterführers Meno angeht, so lesen wir bei Diod. XVIII, 38, dass er im nächsten Frühjahre als Feldherr der vereinigten Ätolier und Thessalier in einer Schlacht gegen die Makedonier unter Polysperchon fiel.

119) Plut. Phoc. 26: „τὰς πόλεις αὐτῶν πειρῶντος Ἀντιπάτρου διαρρυέντες αἴσχιστα προήκαντο τὴν ἐλευθερίαν."

120) Diod. XVIII, 17. — Ich möchte hier darauf hinweisen, dass es sich nicht empfiehlt, an dieser Stelle die Variante στρατιωτῶν ἐπάνοδον der Vulgate στρατηγῶν vorzuziehen, gleichviel, ob man ποιησάμενοι hinzufügt, oder ἐπάνοδον in ἐπανελθόντες oder ἐπανιόντων verwandelt. Wenn man lesen wollte: μετὰ τῶν στρατιωτῶν ἐπάνοδον ποιησάμενοι, so würde daraus hervorgehen, dass die Ätolier zum Bundesheere zurückgekehrt seien, wovon Diodor nichts berichtet, während er ihren Abzug zweimal (XVIII, 13. u. 15.) erwähnt. —

121) Diod. XVIII, 18. —

122) Plut. Demosth. 28. Phoc. 26. —
123) Plut. Phoc. 26. —
124) Plut. Phoc. 26. Arrian (bei Phot. cod. 92 p. 124. Hoesch.) —
125) Plut. Phoc., 26: „Δοτέον Φωκίωνι ταύτην τὴν χάριν."
126) Plut. Phoc. 26. Diod. XVIII, 18. Vergl. auch S. 26 u. Anm. 80! —
127) Plut. Phoc. c. 27. —
128) Plut. Phoc. 27: „Ἀντίπατρος καλῶς ποιεῖ μόνον αὐτὸν αἰσχυνόμενος ἐφ' οἷς ἀγνωμονεῖν πρὸς τὴν πόλιν."
129) Diod. XVIII, 18. Plut. Phoc. 27. —
130) Paus. VII, 10. —
131) Plut. Phoc. 27: „ἔφη γάρ, ὡς μὲν δούλοις μετρίως κεχρῆσθαι τὸν Ἀντίπατρον, ὡς δὲ ἐλευθέροις βαρέως."
132) 20. Boedromion im Archontat des Philokles Ol. 114. 3. Plut. Phoc. 27. Demosth. 28. —
133) Plut. Phoc. 28. Demosth. 28. —
134) Plut. Phoc. 28. —
135) Die Drachme hatte nach unserem Gelde einen Wert von 78 Pfg. 2000 Drachmen waren also 1560 Mark. Es muss uns Wunder nehmen, dass nicht einmal die Hälfte der athenischen Bürger ein solches gewiss nicht grosses Vermögen aufweisen konnte.
136) Diod. XVIII, 18. —
137) Diodor giebt die Zahl der Auswanderer auf mehr als 20 000 an. Diese Angabe ist offenbar unrichtig, weil die ganze Zahl der Bürgerschaft nicht viel mehr als 20 000 betrug. Wesseling korrigiert daher das πλείους τῶν δυσμυρίων καὶ δισχιλίων in πλείους τῶν μυρίων καὶ δισχιλίων. Diese Zahl (12 000) giebt auch Plutarch an, indem er sagt, dass 12 000 Bürgern wegen Armut — διὰ πενίαν — das Bürgerrecht abgesprochen sei. Diese Angabe stimmt auch zu dem 5 Jahre später (i. J. 317.) abgehaltenen Census, welcher 21 000 Bürger ergab. Die nach dem Lamischen Kriege Ausgewanderten waren nämlich damals schon wieder in ihre Heimat zurückgekehrt. Diod. XVIII, 66 — Clinton, F. H. p. 174.
138) Plut. Phoc. 28. —
139) Plut. Phoc. 28. — Diod. XVIII, 18. —
140) Diod. (XVIII, 18.) rechnet von dem Feldzuge des Timotheus gegen die Insel (365.) Vergl. S. 7! —
141) cf. Diod. XVIII, 56.
142) Antipater und Kraterus verbanden sich, in der Voraussicht der bevorstehenden Kämpfe, enge mit einander. Antipater vermählte dem Prostates des Königtums seine älteste Tochter Phila und zeichnete ihn auch sonst durch Ehren und Geschenke aus. Diod. XVIII, 18. —
143) Der Feldzug gegen die Ätolier ist erzählt nach Diod. XVIII, 25: „εὐθὺς οὖν πρὸς μὲν Αἰτωλοὺς διάλυσιν ἐποιήσαντι [Ἀντίπατρος

καὶ *Κρατερός]* διεγνωκότες ὕστερον αὐτοὺς καταπολεμῆσαι καὶ μετασιῆσαι παροικίους ἅπαντας εἰς τὴν ἐρημίαν καὶ πορῥωτάτω τῆς Ἀσίας κειμένην χώραν." Das Ἀσίας in οἰκείας zu korrigieren, scheint mir nicht nötig zu sein, wenn man den Genetivus τῆς Ἀσίας zu χώραν zieht und πορῥωτάτω τῆς Ἀσίας κειμένην χώραν übersetzt, wie es in der Darstellung geschehen.

144) Plut. Demosth. 28. Vit. X. Or. p. 846. 847. 849. — Arrian bei Phot. p. 124 Hoesch. Suid. v. Antipater.

145) Plut. Demosth. 28. Arrian l. c. Eukrates wird genannt von Luc. Encom. Demosth. 31. T. III. 512 ed. Reitz. Vit. X. Or. p. 849. Polyb. IX, 29. Paus. I. 8.

146) In der Darstellung des Todes des Demosthenes bin ich Plutarch gefolgt Plut. Demosth. 28. 29. 30. — Es würde zu weit führen, alle, zum Teil sehr von einander abweichenden Berichte und Notizen über das Ende des grossen Redners zu erörtern. Plutarch sagt selbst, (Demosth. 30) dass fast alle Autoren, welche über den berühmten Mann geschrieben hätten, und deren Zahl sehr bedeutend sei, abweichende Berichte über seinen Tod brächten. Dass sich über den grossen Patrioten, den feurigen Freiheitsredner und über sein tragisches Ende bald allerlei Sagen im Munde des Volkes bildeten, ist leicht erklärlich.

147) Plut. Demosth. 30. Paus. I, 8, 2.
148) Plut. Phoc. 29.

Lebenslauf.

Ich bin geboren am 22. August 1853 als Sohn des Lehrers Georg Schaefer zu Albaum, Kreis Olpe in Westfalen. Ich gehöre der katholischen Konfession an. Die erste Schulbildung erhielt ich von meinem Vater. Für den Besuch einer höheren Lehranstalt wurde ich von meinem vierzehnten Lebensjahre an durch den Herrn Vikar Kloppenburg in Altenhundem vorbereitet.

Im Herbst 1868 wurde ich in die Ober-Tertia des Gymnasiums zu Paderborn aufgenommen, woselbst ich auch im August 1873 das Abiturienten-Examen bestand. Ich studierte sodann sechs Semester Geschichte, germanische und klassische Philologie und unterzog mich im Dezember 1877 vor der Königlichen Wissenschaftlichen Prüfungs-Kommission der Akademie zu Münster der philologischen Staatsprüfung, sowie später im November 1882 einer Nachprüfung.

Von Ostern 1878 bis ebendahin 1879 war ich Candidatus probandus am Gymnasium mit Realklassen zu Neuwied und bekleidete zugleich eine wissenschaftliche Hülfslehrerstelle.

Vom 1. April 1879 bis zum 1. April 1880 diente ich als Einjährig-Freiwilliger im 4. Garde-Grenadier-Regiment Königin zu Coblenz.

Ostern 1880 wurde ich vom Rheinischen Provinzial-Schulkollegium dem hiesigen Realprogymnasium überwiesen und im Juni desselben Jahres hierselbst als ordentlicher Lehrer definitiv angestellt.

Durch Allerhöchste Cabinetsordre vom 14. Januar 1882 wurde ich zum Reserve-Offizier des 4. Garde-Grenadier-Regiments Königin ernannt.